ビジュアル版

終戦直後の日本

教科書には載っていない占領下の日本

歴史ミステリー研究会編

彩図社

もくじ

はじめに

今から77年前、日本は敗戦国となり、アメリカをはじめとする連合国の占領下に置かれることになった。

そして、そこから大混乱が始まった。

敗戦を知らされた人々は、半月後には「鬼畜」と呼んでいた敵を、支配者として受け入れなければならなかった。

いったいこれから日本はどうなるのか……そんな恐怖と不安を抱えながら、新しいスタートを切ったのである。

しかし人々は、ただ貧困にあえいでいたわけではなかった。子供たちは甘いものを求めてアメリカ兵に手を差し出す。大人も映画館で洋画を楽しみ、カストリ雑誌や英会話本をこぞって買い求める。

たびたび起きる不気味な事件におびえつつも、新しくなった紙幣を握り、集団お見合い会で見つけた相手と新しい家庭を持って、次の時代への準備をすることになる。

混乱の中に、新たな胎動があったのだ。

本書は、そんな時代の日本の姿を、当時の写真とともにまとめたものである。予測のつかない日々をたくましく生きた彼らの姿を、じっくり味わっていただきたい。

2022年7月　　歴史ミステリー研究会

1章

戦争の後始末

厚木飛行場で、牛が引くリヤカーを使って戦闘機の残骸を片付ける様子(1946)

その日、人々は玉音放送をどう聞いた？

1945年8月15日の正午、天皇陛下による「終戦の詔勅」が発表された。

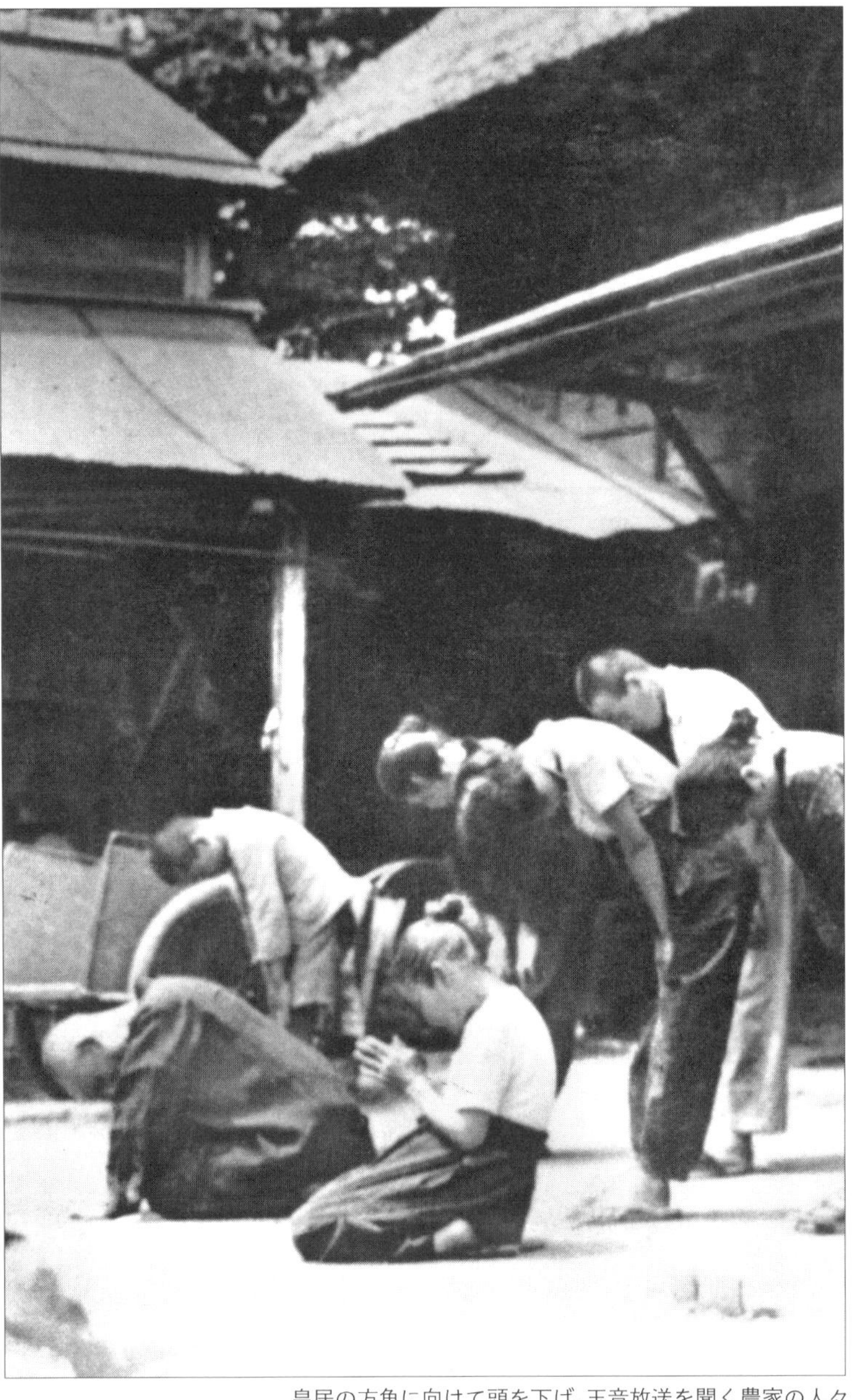

皇居の方角に向けて頭を下げ、玉音放送を聞く農家の人々

「堪え難きを堪え、忍び難きを忍び、もって万世のために太平を開かんと欲す」

正午のラジオ放送

その日、国民は朝から**「昼に天皇陛下から重大な発表がある」**と知らされていた。

人々は駅や学校など、ラジオのある場所に集まり耳をすませ

絶望

「遂に敗けたのだ。戦いに破れたのだ」（高見順）

歓迎

「恰(あたか)も好(よ)し。（中略）休戦の祝宴を張り皆々酔うて寝に就きぬ」（永井荷風）

る。真夏の太陽の光が降りそそぐ中、**玉音放送**は日本中に流された。

すぐには放送の意味が理解できない人が多かったともいわれるが、それは言葉が難解だったからというより、受信状況が悪くノイズが多かったせいだ。

放送を聞き、これで空襲から逃れられると喜んだ若者や、疎開先から自宅に戻れると胸を撫で下ろした主婦など、敗戦の悔しさよりも戦争の恐怖からの解放にホッとした人も大勢いたという。

それぞれがそれぞれの思いで戦争の終結を聞いた1日だったのだ。

街角に集まり玉音放送を聞く人々

グアムで詔勅を聞く日本兵捕虜

8月15日夕方に特攻として出撃した人もいた。写真は爆撃機「彗星」に乗り込んだ第5航空艦隊の宇垣纏司令官。出撃後は行方不明となっている

詔書

朕深ク世界ノ大勢ト帝國ノ現狀トニ鑑ミ非常ノ措置ヲ以テ時局ヲ收拾セムト欲シ茲ニ忠良ナル爾臣民ニ告ク

朕ハ帝國政府ヲシテ米英支蘇四國ニ對シ其ノ共同宣言ヲ受諾スル旨通告セシメタリ

抑々帝國臣民ノ康寧ヲ圖リ萬邦共榮ノ樂ヲ偕ニスルハ皇祖皇宗ノ遺範ニシテ朕ノ拳々措カサル所曩ニ米英二國ニ宣戰セル所以モ亦實ニ帝國ノ自存ト東亞ノ安定トヲ庶幾スルニ出テ他國ノ主權ヲ排シ領土ヲ侵スカ如キハ固ヨリ朕カ志ニアラス然ルニ交戰已ニ四歳ヲ閲シ朕カ陸海將兵ノ勇戰朕カ百僚有司ノ勵精朕カ一億衆庶ノ奉公各々最善ヲ盡セルニ拘ラス戰局必スシモ好轉セス世界ノ大勢亦我ニ利アラス加之敵ハ新ニ殘虐ナル爆彈ヲ使用シテ頻ニ無辜ヲ殺傷シ慘害ノ及フ所眞ニ測ルヘカラサルニ至ル而モ尚交戰ヲ繼續セムカ終ニ我カ民族ノ滅亡ヲ招來スルノミナラス延テ人類ノ文明ヲモ破却スヘシ斯ノ如クムハ朕何ヲ以テカ億兆ノ赤子ヲ保シ皇祖皇宗ノ神靈ニ謝セムヤ是レ朕カ帝國政府ヲシテ共同宣言ニ應セシムルニ至レル所以ナリ

朕ハ帝國ト共ニ終始東亞ノ解放ニ協力セル諸盟邦ニ對シ遺憾ノ意ヲ表セサルヲ得ス帝國臣民ニシテ戰陣ニ死シ職域ニ殉シ非命ニ斃レタル者及其ノ遺族ニ想ヲ致セハ五内爲ニ裂ク且戰傷ヲ負ヒ災禍ヲ蒙リ家業ヲ失ヒタル者ノ厚生ニ至リテハ朕ノ深ク軫念スル所ナリ惟フニ今後帝國ノ受クヘキ苦難ハ固ヨリ尋常ニアラス爾臣民ノ衷情モ朕善ク之ヲ知ル然レトモ朕ハ時運ノ趨ク所堪ヘ難キヲ堪ヘ忍ヒ難キヲ忍ヒ以テ萬世ノ爲ニ太平ヲ開カムト欲ス

朕ハ茲ニ國體ヲ護持シ得テ忠良ナル爾臣民ノ赤誠ニ信倚シ常ニ爾臣民ト共ニ在リ若シ夫レ情ノ激スル所濫ニ事端ヲ滋クシ或ハ同胞排擠互ニ時局ヲ亂リ爲ニ大道ヲ誤リ信義ヲ世界ニ失フカ如キハ朕最モ之ヲ戒ム宜シク擧國一家子孫相傳ヘ確ク神州ノ不滅ヲ信シ任重クシテ道遠キヲ念ヒ總力ヲ將來ノ建設ニ傾ケ道義ヲ篤クシ志操ヲ鞏クシ誓テ國體ノ精華ヲ發揚シ世界ノ進運ニ後レサラムコトヲ期スヘシ爾臣民其レ克ク朕カ意ヲ體セヨ

御名御璽

昭和二十年八月十四日

各國務大臣副署

8月15日の朝日新聞朝刊に掲載された終戦の詔勅。この日の朝刊は、玉音放送に合わせて午後に印刷・配達された

「終戦」の後も続いた戦闘

8月18日、北海道の千島列島北端にある占守島に、ソ連軍が上陸してきた。

1945年8月14日、日本はポツダム宣言を受諾した。

これによって戦争は終結し、各地の戦闘もおさまるはずだった。

ところが実際には、8月15日以降も「戦死者」が出ており、その数は**18万人以上**にのぼった。

じつは北海道の千島列島北端にある**占守島**（しゅむしゅ）で、終戦後も戦闘状態が続いていたのである。

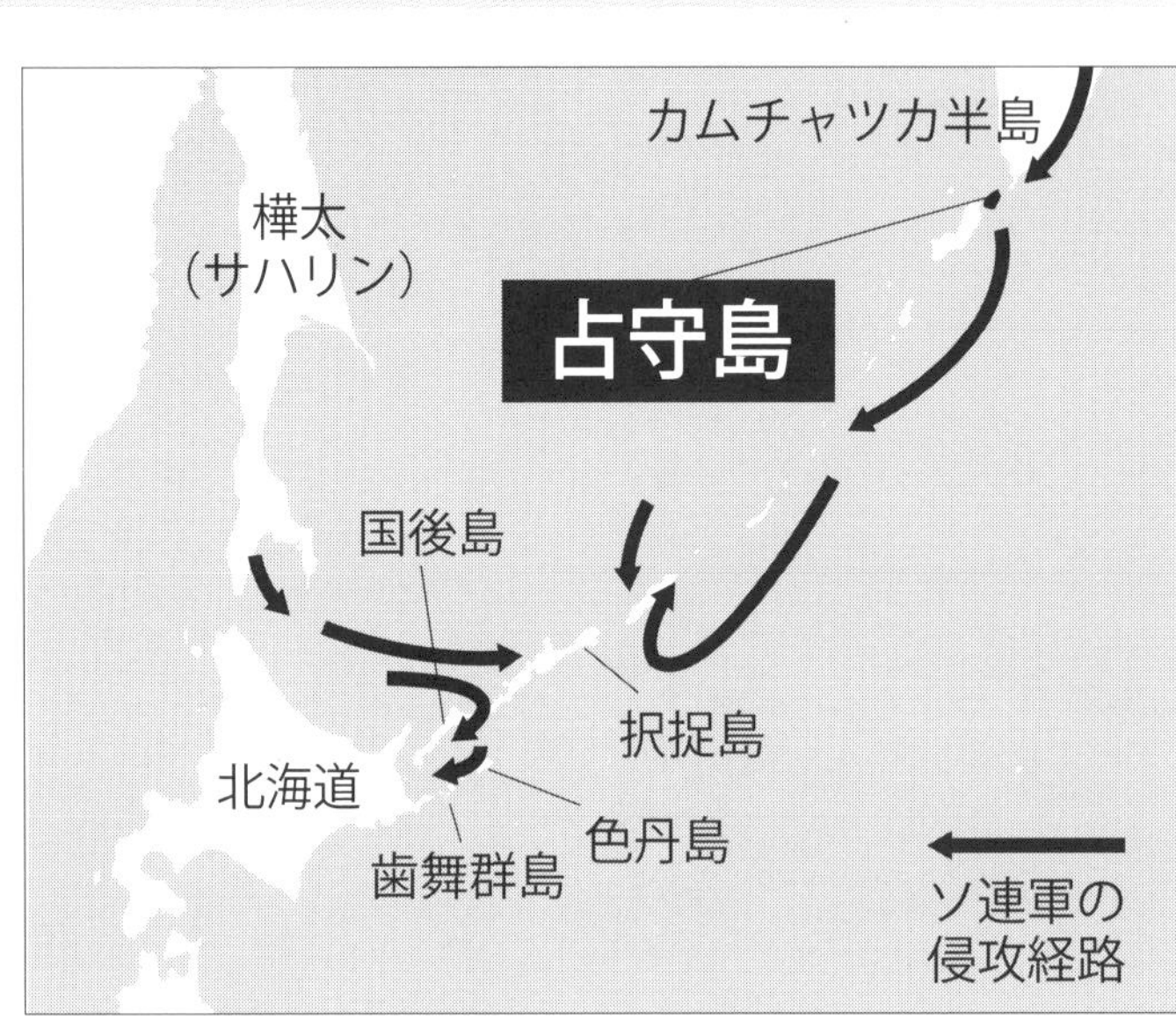

侵攻中のソ連兵（1945.8.18）

歩兵を船に積み込んだソ連船（1945.8.15）

思わぬソ連兵上陸

占守島の日本軍には降伏と戦闘停止が伝えられ、停戦の処理をする連合軍使節を待つばかりとなっていた。そこへ8月18日、ソ連軍が侵攻してきた。

日本軍には、ここを破られたら**一気に北海道まで占領されかねないという危機感**があった。国を守るためには島を死守しなければならなかった。

日本軍は激戦の末、ソ連軍に手痛い打撃を与えた。輸送船を撃沈し、長距離砲を封じ、また主力艦も攻撃し、指揮官の上陸を許さなかった。

上：終戦後の占守島に配置されていた戦車などの武器。占守島では８月15日まで大きな戦闘がなかったため、武器や弾薬は豊富にあった
左：占守島を守った第91師団の兵士たち

占守島の攻防

1945.8.6	広島への原子爆弾投下
8.8	ソ連、日本へ宣戦布告
8.9	長崎への原子爆弾投下
8.15	日本、ポツダム宣言受諾表明
8.18	ソ連軍、占守島上陸開始 千島列島侵攻
8.23	占守島の武装解除
8.28	ソ連軍、択捉島侵攻
9.2	ソ連軍、国後・色丹島占領 日本の降伏文書調印
9.3	ソ連軍、歯舞諸島占領 （北方四島占領完了）

ソ連の参戦の理由は極東の利権

このような事態になった要因のひとつは、ソ連が対日参戦してきたことだ。

当初、ソ連の参戦は８月後半の予定だった。だが広島への原爆投下によって日本の降伏が早まると読んだ**スターリン**は、ソ連と満州の国境で攻撃を開始する。日ソ中立条約の有効期限内の、８月９日未明のことだった。

そして、ソ連の侵攻は日本がポツダム宣言の受諾を表明しても終わらなかった。

これは、第二次世界大戦終結後の新しい世界の中で、**極東における権利**を主張するためだった。すでに次の戦いが始まっていたのである。

占守島では両陣営の砲弾が飛び交うなか、停戦の使者を命じられた第九十一師団戦車第十一連隊の長島厚大尉はソ連軍の陣地へと向かった。

停戦を疑うソ連側に対して、長島は信用してもらえないならハラキリをするといって決死の覚悟を示したという。

そうして占守島における停戦合意が成立し、武装解除されたのは23日のことだった。

この戦闘による日本側の犠牲者は約６００人だったが、ソ連軍は約３０００人もの死傷者を出した。

急きょ出撃を命じられたソ連軍は準備不足で、対する日本軍には十分な装備が残されていたとはいえ、士気の高さも大きな力になったといえる。

なお、島の工場で働いていた女性たちは先に逃がしていたため、女性の被害者は１人もいなかった。

降伏文書調印式でのデモンストレーション

9月2日、降伏文書の調印をもって、戦争は正式に終了した。

ミズーリ号の甲板にひしめく米兵と欧米メディア。右下に飾られているのが、ペリーが来航した際に使用されたアメリカ国旗

敵艦上での儀式

ポツダム宣言の受諾からおよそ半月後の9月2日、連合国と日本の間で**降伏文書の調印式**が行われた。

場所は東京湾に停泊していたアメリカ戦艦ミズーリ号の甲板で、その周囲は多くの連合国軍艦船に取り囲まれていた。

その場で、日本側からは重光葵（まもる）首席全権代表と梅津美治郎（よしじろう）参謀総長が、連合国側はマッカーサーをはじめとする10人が文書に署名をした。

この調印式をもって、戦争は正式に終了したのである。

東京上空を舞った約2000機の連合国軍戦闘機

左:マッカーサーによる署名
中:降伏文書に署名する日本の重光葵首席全権代表
右:沖に現れたアメリカの軍艦に国旗を振る捕虜たち(1945.8)

艦上に掲げられた2枚の星条旗

調印式は連合国側の圧倒的な勢力を日本に見せつける場でもあった。

ミズーリ号の甲板や砲塔には、連合国軍の将兵や水夫があふれんばかりにひしめいていた。

また、ミズーリ号には**2枚の星条旗**が誇らしげに掲げられた。それらは、幕末にペリーが来航した際のものと、真珠湾攻撃の時にホワイトハウスに掲げられていたものだ。

さらに、ミズーリ号が停泊したのは、ペリー艦隊の旗艦「ポーハタン」が停泊したのとまったく同じ位置だった。

そして頭上では、調印式にあわせてB29やその他の戦闘機がデモンストレーションフライトを行っている。総勢2000機近い戦闘機が、轟音を響かせて東京上空を舞ったのである。

戦闘機の墓場になった厚木飛行場

戦争が終わってからＧＨＱがとりかかったのは、日本の武装解除だった。

厚木航空基地の一角（1945.9）

がれきと化したゼロ戦

ＧＨＱ（連合国軍最高司令官総司令部）は、進駐にあたって、日本人ゲリラによる襲撃を非常に警戒していた。

素直に降伏を受け入れない日本人が抵抗するかもしれないと神経を尖らせていたのである。

ＧＨＱが真っ先に着手したのは、戦時中に海軍航空隊の主要基地となっていた**厚木飛行場の無力化**だった。厚木は、プロペラが外され、がれきと化したゼロ戦などが転がる**戦闘機の墓場**となり果てたのである。

各地でおこなわれた武装解除

上：米兵の命令に従い航空機を焼却する日本兵（1945.10）
右上：米軍によって焼却処理される日本軍の戦車
右下：日本軍の大砲に爆薬をしこむ爆破処理班（1945.10）

マッカーサーの「刀狩り」

左：提出された刀剣を点検する米兵（1945.9）
上：アメリカ軍の船艇に武器を積み込む兵士。このあと、これらは海洋投棄される（1945.9）

武装解除は軍部だけでなく、民間人にも及んだ。一般国民にも所有する一切の武器を引き渡すよう命令が出たのである。

これは**「マッカーサーの刀狩り」**とも呼ばれている。

刀剣が見つかると軍事裁判で処罰されるというデマが飛び交い、人々は混乱におちいった。

そのため、家宝の日本刀や槍など何から何まで差し出す者が出たり、地中深くに埋めて腐らせてしまったりした者もいたという。

なお日本側はGHQと交渉し、美術品に類する刀剣は接収から除外させることに成功した。

接収された刀剣の一部はアメリカ兵が個人的な戦利品として自国に持ち帰っている。しかし、大半は海に投棄されたり、農耕具に作り替えられたりした。

がれきの処理に使われた「更生戦車」

空襲で焼け野原になった街を復興するため、がれきの処理が始まる。

上：戦災によって消失した区域を示す「戰災燒失區域表示帝都近傍圖」(1945.12.25初版)。裏面には関東地域の英語地図が掲載されている
下：銀座４丁目の松屋前に積まれたがれき

大量のがれきの処理

戦争が終わったからといって、人々はすぐに以前のような暮らしを取り戻せたわけではない。空襲によって街は焼け野原と化してしまっていたためだ。

人々はまず街の再建にとりかかった。ここで問題となったのが、がれきの処理だ。かつて市街地だった場所には、建物の土台や焼けた瓦、崩れた壁の残骸などが至るところに残っていた。

しかし、重機もなければガソリンもないため、人々は空きっ腹を抱えたまま、**人力でがれきを片付けなければならなかった。**

上:戦車を改造してつくった「更生戦車」ががれきを処理する様子(1945.11)
左:日本軍が兵員装甲輸送車として使っていた車両を改造したゴミ収集車(日時不明)
下:銀座にあった「三十間堀」はがれきで埋め立てられた

更生戦車で街を復興する

戦後、連合軍に接収された兵器の大部分は、廃棄されたりスクラップとなった。しかし、一部の戦車は持ち主を変えて使われる場合もあった。

荒廃した土地を耕して農地を広げたいが、重機はほとんどない。そこで、日本政府は**戦車をブルドーザーに改造できないか**と考えたのである。

GHQの了解をとりつけた政府は改造に取り組み、10月末には試作品ができあがった。

実際に利用可能かどうかをGHQに確かめてもらうため、戦時中に戦車を生産していた三菱重工東京機器製作所丸子工場跡地で実験が行われている。

この時、1台は故障で動かなくなったものの、もう1台は20分で50坪（約165平方メートル）ほどの土ならしに成功した。

日本に戻ってきた兵、戻らなかった兵

終戦の年、国外に在留していた約660万人の日本人の引揚げが始まった。

各地からの復員・引揚者

- 元満州 127万1479人
- 中国 154万1437人
- 香港 1万9347人
- 台湾 47万9544人
- フィリピン 13万3123人
- ベトナムなど 3万2303人
- インドネシア 1万5593人
- オーストラリア 13万8843人
- 太平洋諸島 13万968人
- ハワイ 3659人
- ソ連 47万2958人
- 千島・樺太 29万3546人
- 韓国 59万7319人
- 北朝鮮 32万2585人
- 本土隣接諸島 6万2389人
- 沖縄 6万9416人
- ニュージーランド 797人

（厚生労働省　社会・援護局資料より／～2005年）

上:復員兵を満載して博多港に着いた引揚船(1945.10)
下:日本で家族の帰国を待つ人々は、引揚船が到着する港に毎日通った(1948.5)

国外にいた日本人の引揚げ

終戦当時、中国や東南アジア、太平洋の島々には約660万人の日本人が在留していた。

彼らの引揚げ（帰国）は終戦直後から始まり、1946年までに**510万人が日本へ戻っている。**

引揚げは軍人や政府関係者などが優先され、民間人はいちばん後回しにされた。

軍人が優先されたのは、元日本兵の反乱を防ぐためや、軍隊を解体するためにも、早期に帰国させる必要があったからだ。

「お帰りなさいませ」

上:シベリアからの帰国者。シベリア抑留兵の帰国は遅れ、1970年代まで続いた(1949.7)
左:復員兵を出迎える留守家族(1947.5.1)

アジアの解放を信じた兵士たちの「戦後」

終戦を日本国外で迎えた日本兵の中には、みずからの意志で現地に留まった者もいた。

日本軍はアジアに進出していく際、**「アジアの国々を欧米列強から解放する」**という名目を掲げていた。このスローガンを**本気で実現させたいと願う日本兵も多かった**のである。

たとえば、インドネシアでは約1000人の残留日本兵が独立軍に協力した。

日本が敗れたあと、独立軍は支配を狙って進出してきたオランダと激しく対立する。

日本兵は、連合軍に引き渡すはずの武器をこの独立軍へ横流しした。もちろん、おおっぴらにできることではない。わざと武器庫の鍵を落としたり山中に武器を放置したりして、独立軍が奪っていける状況をつくった。また、作戦や実戦の指導や戦闘にも加わった。

独立運動のさなかに、400人以上の残留日本兵が死亡、または行方不明になっている。

もっとも、すべての残留日本兵が独立戦争に参加したわけではない。日本に戻ると死刑になるという噂を恐れて帰国を拒んだ者や、現地で妻や恋人ができた者もいる。意外と人間臭い理由も存在したのだ。

インドネシア兵とともに戦う残留日本兵(左端)・(1949)
(長洋弘著『戦争とインドネシア残留日本兵』草の根出版会発行より)

勝者が敗者を裁いた東京裁判

右：東京裁判の裁判官席。背後には戦勝国の国旗が立てられている

下：「Ａ級戦犯」となった東条英機・荒木貞夫・永野修身・南次郎ら

「戦争犯罪人」に与えられた判決

１９４６年5月3日、旧陸軍士官学校の講堂で東京裁判が始まった。

東京裁判の正式名称は「極東国際軍事裁判」といい、戦勝国となったアメリカを中心とする連合国が敗戦国となった日本の戦争犯罪を裁いたものである。

この法廷に立たされたのは、連合国側が「戦争犯罪人」として指定した戦争当時の日本のいわゆる大物指導者28人で、全員が「平和に対する罪」の容疑で起訴された。

東京裁判は2年半におよび、28人のうち2人が病死、1人が精神異常と判断された。

残る25人には全員に有罪判決が下された。そのうち7人が絞首刑、16人が終身刑、2人が期限つきの禁固刑という判決が言い渡されたのだ。

新しくつくられた「平和に対する罪」

東京裁判は、現在も不当な裁判だといわれることがある。ポツダム宣言受諾当時の国際法には、「平和に対する罪」という罪は存在していなかったからだ。

この罪は、１９４６年に極東国際軍事裁判所条例で独自に規定されたものだ。つまり、新しくつくった法律で過去の犯罪を裁いたのだ。

日本側弁護団の副団長を務めた清瀬一郎は、この不当性を突いて、東京裁判そのものが国際法違反だと述べた。

また、裁判長のウェッブについても、検事と判事を兼ねており、裁判長としてはふさわしくないと緊急動議を申し出ている。

だが、どの主張も無視された。日本側の主張は聞き入れられることなく裁かれたのである。

2章 生きるための戦い

買い出しのために満員列車の車外にしがみつく人々

駅や洞窟で暮らす人々

戦いに敗れた日本に残されたのは、焼け野原と化した土地と、何もかもを失った人々の姿だった。

駅の壁際で寝泊まりする人々

駅が一番の住み家

たび重なる空襲によって焼け野原と化した東京の中で、上野には都内で家を失った人のおよそ6割が集まっており、人々は路上や公園など、**ありとあらゆる場所を寝ぐらにしていた**。

とりわけ上野駅を当座の住み家とした人は多かった。雨風をしのげ、人通りが多く、いざという時には食べ物を恵んでもらうこともできた。

駅の地下道の壁際は老若男女を問わず人で埋まっており、常時1000人以上が寝泊まりしていたという。

さまざまな「住み家」

右ページ・上から
駅の壁際で寝泊まりする人々(日時不明)
上野駅の地下で眠る子供たち(1946.12)
上野駅周辺の壁際に集まった人々(1946.3)
左・上から
崖の下の岩屋で暮らす人々(1949.6)
運河に浮かんだ住居(1946)
バス住宅(1946.9)
壕で生活する戦災者(1945.12)
下:路上のオブジェの住居(1949.8)

戦後の復興に一役買ったテント村

もっとも競争率が高かった駅からあふれた人々は、目の前にある上野公園に向かった。

しかし、ここで警視総監が襲撃される事件が起きて公園は閉鎖されてしまう。

その結果、街のあらゆる場所に人があふれ返り、治安は急速に悪化していくのだ。

それを解消するためにつくられたのが山谷地区のテント村だった。テント村はほどなくして簡易宿泊所として生まれ変わり、そこを拠点とする日雇い労働者たちが戦後日本の復興に大きく貢献していくのである。

大繁盛したヤミ市

戦争が終わった日本は絶望的に食糧が不足していた。人々は違法とわかっていても、ヤミ市に足を運ばざるを得なかった。

上：大勢の人でにぎわうヤミ市
右：食べ物を物色する人々。ヤミ市では子供も大人も関係なかった（1946.3）
下：露天でピーナッツを売り、学費の足しにする学生もいた（1947.12）

最悪の食糧事情

戦後、国から配給される食糧は成人が1日に必要なカロリーの半分にも満たず、腹を空かせた人々は一様にやせ細り、**常に栄養失調状態**だった。

やがて人々は生きるための糧（かて）を得るため、焼け野原となった市街地で、焼け残った鍋や釜などの生活用品を見つけては道端に並べて売るようになった。

こうして終戦から1ヵ月もたたないうちに、日本各地の主要都市の空き地にはいわゆるヤミ市が自然発生的に立ち始めたのである。

上：ヤミ市で肉入りうどんをむさぼる男性（1946.9）
左：ヤミ行為で捕まった男性たち（1946.11）

基準価格とヤミ市価格の比較（1945.10・警視庁経済第３課調べ）

品目	基準価格	ヤミ市価格
白米１升	0.53円	70円
ふかしいも100匁（約375g）	0.06円	10円
しゅうゆ２L	1.32円	60円
砂糖１貫目（約3.75 kg）	3.79円	1000円
清酒２升	8円	350円
浴用石けん１個	0.1円	20円

トタン板の上にはなんでもあった

ヤミというのは、政府が統制する「公定価格」の対語である。

戦時中はヤミ物資を売買したことが発覚すると厳しく罰せられたため、人々は密かに物を売買していたが、敗戦によってそのタガが外れた。つまり、**政府が決めた値段を無視した法外な商売**があちこちに出現したのである。

売り手も商人ではない。農村で食糧を仕入れては都市で売る若い復員兵がいたり、旧日本軍から放出された物資などを並べて店を開く者もいたりした。

人々は、どんなものにも飛びついた。お湯にしょうゆをたらしただけの汁、アルコールを水で割って色をつけただけの酒、鉄かぶとを改造した鍋など、ありとあらゆるものがトタン板の上に並んだのである。

札束をはたいてカメラを購入する男性（1946）

粗悪な酒や食品に飛びついた人々

人間、物がなければ知恵を絞って代わりとなるものを探すものである。だが、代用品が必ずしもいいものとは限らない。

上：墓地に隠していた密造酒を掘り返す様子（1950.12）　右：カストリ酒の作り方の説明書
下：ドブロクなどの低品質なアルコールの摘発の様子（1948.2）

多数の死者を出した「バクダン」

人々が食糧難にあえいでいた戦後の日本には、危険な食品や飲料がいくつも出回っていた。

その筆頭は**「バクダン」**である。これは工業用アルコールを水で割り、薄く色をつけたものだ。ひと口飲むと胃が燃えるように熱くなり、口から火を吹きそうになるほど強烈だったことから、その名がつけられた。

通常、飲用としての酒にはエタノールが使用されるが、工業用にはメタノールを使用していた。

メタノールは人体へ悪影響を及ぼすもので、とくに視神経の悪影響はすさまじい。最初は目がかすみ、いずれは失明して、最悪の場合は死に至ることもある。

しかし、戦後のうさを晴らすには酔うしかないとばかりにバクダンは売れに売れた。これによる死者は、終戦の翌年には東京だけで２０００人近くにのぼったといわれている。

「カストリ」と呼ばれる、イモや麦などの安価な糖質を発酵させたものも流通したが、粗悪なものには変わりなかった。

上:密造酒を楽しむ人々。度数を書いた紙が瓶に貼り付けられている(1947.5)(写真提供:朝日新聞社／時事通信フォト)
左:包装されたズルチン(1946.9)(写真提供:共同通信社)

一人あたりの物資供給量(グラム)

	戦前	1946年	1947年	1948年
米(g)	361	254	294	287
さつまいも(g)	65	131	93	130
みそ(g)	28	19	15	14
しょうゆ(g)	38	20	21	24
砂糖(g)	34	2	1	14
衣料品(ポンド)	9.4	2.0	2.1	2.3
石けん(kg)	1.7	0.2	0.1	0.1

(内野達郎『戦後日本経済史』による)

女性や子供はズルチンに夢中

酒と同じくらい人々が欲していたのが甘いものだ。

この頃、ヤミ市では「汁粉一杯5円」などといって女性に売っていたが、甘味が足りず、文句が出るのが当たり前だったという。

そこで甘いものへの欲求に応えたのが**「ズルチン」**だ。1883年にドイツで発明された人工甘味料で、甘さは砂糖の主成分であるショ糖のおよそ250倍にもなる。

ところがズルチンは毒性が強く、多量に摂取すると肝機能障害などを引き起こす。しかも一定以上の量になると甘味を感じなくなるという特徴があるため、過剰摂取してしまう人が多かった。中毒者には子供や女性が多く、死者も出たため、1969年には使用が禁止された。

国会議事堂前にできたサツマイモ畑

戦後の日本は深刻な食糧難に見舞われたが、それに追い打ちをかけたのが1945年の異常気象だった。

国会議事堂前のイモ畑を手入れする国会職員（1946.6）（写真提供:共同通信社）

農作業にはげむ国会職員

1945年の日本は、敗戦だけでなく冷夏、水害、厳冬という自然の脅威にもさらされた。

それまで都会の食糧難をカバーしてきたのは地方の農作物だったが、気象条件と肥料不足のため、この年は**例年にない大凶作**となってしまった。

敗戦で外国との交易も途絶えたため、輸入には期待できない。そこで日本人は、少しでも空き地があればせっせと畑を作り、作物を育てることに専念したのである。

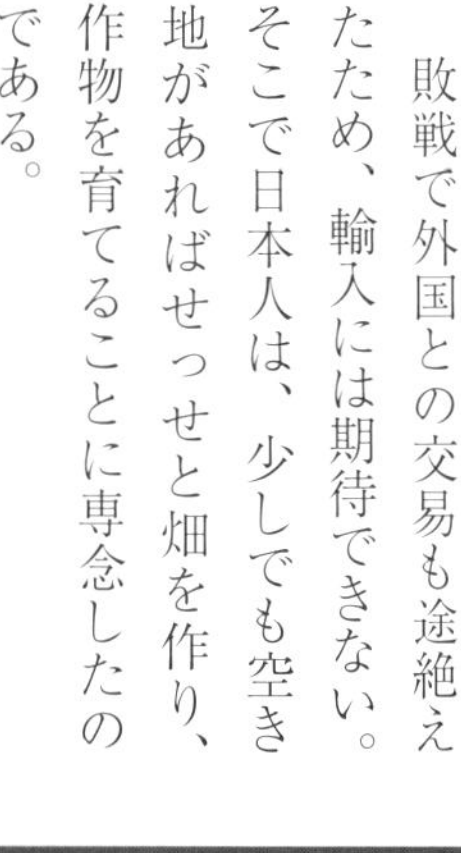

上：上野公園の不忍池も田んぼになった。「上野田甫不忍池」「戦災者救済」という看板が立てられている（1947.９）
左：四谷の女学校内の空き地で育てたイモを収穫する女学生（1947）

千葉県で農民にインタビューするGHQ民間情報教育局農事部の職員（1948.6）

農地改革による変化

自作地と小作地の割合

年	自作地	小作地
1938年	自作地 53.4%	小作地 46.6%
1950年	90.1%	9.9%

自作農家・小作農家の割合

年	自作	両方	小作	その他
1938年	自作 30.7%	両方 42.8%	小作 26.5%	
1950年	61.9%	32.4%	5.0%	その他 0.7%

（『新詳日本史』（浜島書店）より）

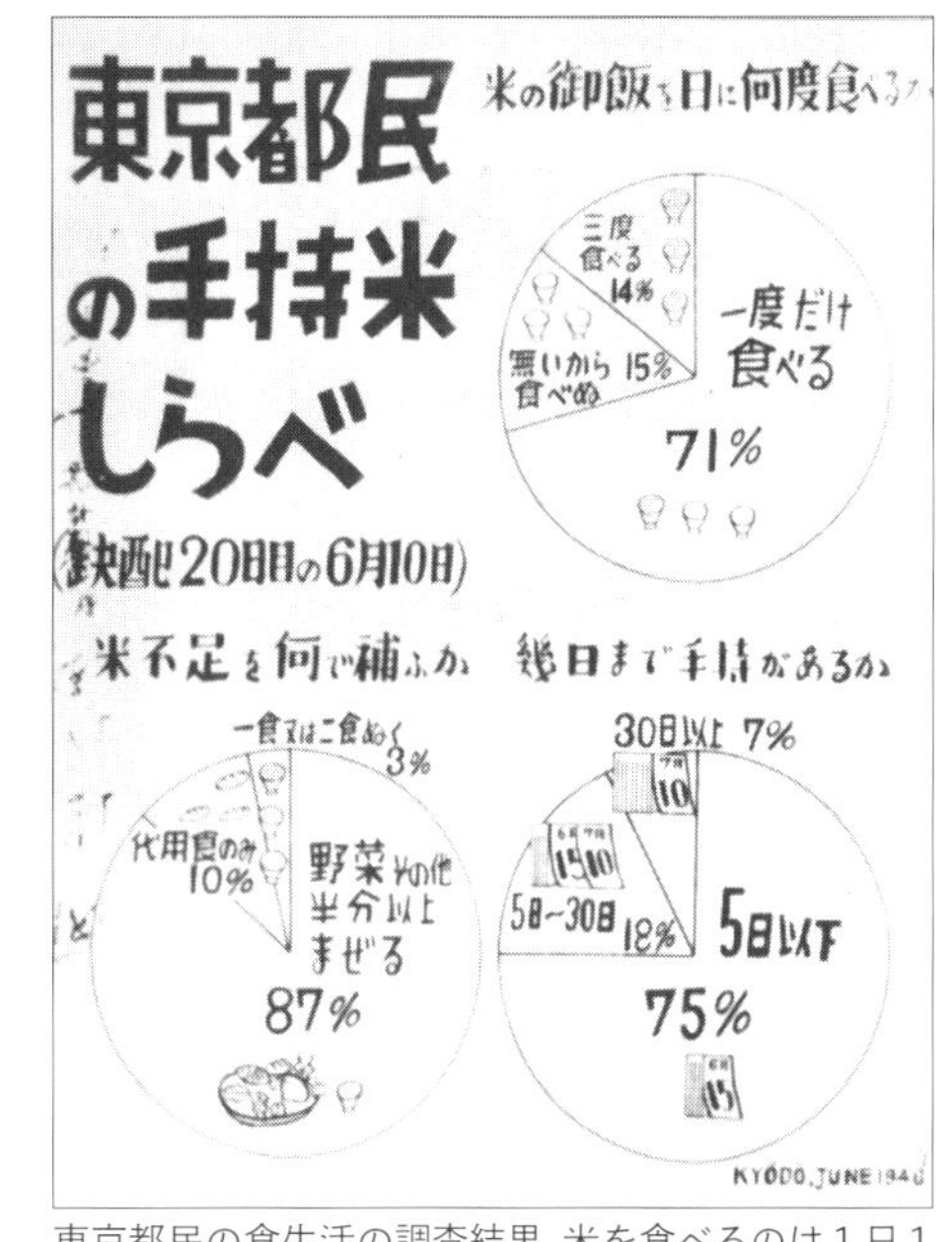

東京都民の食生活の調査結果。米を食べるのは１日１度という人が多かった（1946.6.10・共同通信社調べ）

農地改革により生産性が上がる

戦前、日本の農民の大部分は小作農家で、高い小作料を地主に支払うのが一般的だった。そのため、土地を持つ農家とは異なり、小作農家は政府からなかば強制的に供出を迫られ、むしろひもじい思いをしていたところが多かった。

しかし戦後、GHQは新たな国家づくりのひとつとして**農地改革**を断行した。

政府が安い価格で地主から土地を買い上げ、安く小作農家に払い下げることで、農家の暮らしを安定させることにしたのだ。これにより、日本には**自作農が爆発的に増えた**のである。

土地が自分たちのものだと思えば自然とやる気が出るものである。その結果、地方の農家はぐんぐん生産性を上げ、食糧難も徐々に解消されていった。

物乞いをする傷痍軍人と犯罪に手を染める孤児

傷ついた軍人や子供たちは、生きるためになりふりを構っていられないほどの窮地にあった。

東京の数寄屋橋に現れた物乞い（1950.12）

傷ついた体を見せて募金をつのる元軍人

戦地から帰ってきた軍人たちは厳しい状況に置かれた。とくに、負傷したり病に冒されて戻ってきた傷痍軍人たちの行く末は絶望的だった。

戦時中であれば、名誉の負傷とされ十分な恩給を受けることもできたが、終戦後は**財政難とGHQの意向を理由に恩給は打ち切りになった**。

そのため、街角では傷痍軍人たちが物乞いをする姿が見られるようになったのである。

白装束や軍服に身を包み、失った足や腕をあえて隠さず、地面に這いつくばるようにして街行く人に頭を下げる。

ラッパやハーモニカ、アコーディオンなどの楽器を演奏したり、軍歌を歌ったりして人目を引くことも珍しくなかった。

中には、戦争で負傷したわけでもないのに、眼帯をつけたり、五体満足でなくなったように見せたりして、傷痍軍人のフリをする者が少なからずいた。

1953年に恩給制度が復活し、傷痍軍人証の発行も復活したことで暮らしが楽になったのか、物乞いは減っていった。

上:上野の地下道で刈り込みを受けた少年たち(1948.5)
左:駅舎でタバコを吸う子供たち

戦争孤児が犯罪者と化す

戦争で親や家族を失った戦災孤児はおよそ12万人以上といわれている。そして、そのうち引き取り手が現れなかった3万5000人は、あてもなく街をさまよう浮浪児となった。

特にヤミ市が多くあった東京・上野には多くの浮浪児がたまっていた。

当初はゴミをあさったり、落ちているものを拾ったりしていただけだが、しだいにスリやかっぱらい、万引きや置き引きなどをはたらくようになり、その素行の悪さが問題視されるようになる。

戦争に明け暮れた国の犠牲となった子供たちは、行き場を失ったことで今度は加害者となり、その集団が犯罪の温床になると世間は危惧したのだ。

そして、世間がそうした視線を向ければ向けるほど、浮浪児たちは**生きるか死ぬかの瀬戸際に追い込まれ、ますます不良化していった**のだ。

やがて米軍の食糧庫などにも忍び込むようになった浮浪児たちの存在に業を煮やしたGHQは、彼らの一掃に着手した。

この「刈り込み」と呼ばれた作戦は月に数度行われ、一度に数十人の浮浪児が捕えられた。

彼らは施設に保護されていったが、すぐに脱走する者も多く、また施設によっては浮浪児たちに厳しい仕打ちを行うところもあったという。

薬局で買えた覚せい剤「ヒロポン」

現在、覚せい剤などの薬物を使用することは犯罪だが、戦後の日本ではごく普通に使用されていた。

上：取調中に禁断症状を起こした女性
左：自分にヒロポンを打つ少年（ともに日時不明）

街にあふれた中毒者

当時流行し、現在は禁止されている薬物で代表的なものが、**「ヒロポン」**という商品名で売られていたものである。

成分はメタンフェタミンで、眠気を覚まし疲労を吹き飛ばすということで、戦争中はおもにパイロットが使用していた。

しかしこれには**強い覚せい作用**がある。つまりは覚せい剤なのだ。

戦後のヤミ市に流出したことで一気に庶民の間に広まり、街にはヒロポン中毒者が大量にあふれ返るようになったのである。

左：雑誌に掲載されたヒロポンの広告（『航空朝日』1943年８月号）

下：アンフェタミンを商品化した「アゴチン」の広告。当時はヒロポンだけでなく、この「アゴチン」、「ホスピタン」「ネオパンプロン」などの覚せい作用のある商品が多数販売されていた（『航空朝日』1942年10月号）

兵士の疲労がポンと取れる“魔法の薬”

［覚せい剤の取締が始まるまでの経緯］

1945.8	戦地から持ち帰られたヒロポンが流通し始める
1947.1	作家の織田作之助（33）が死亡・中毒性が指摘される
1949.3	使用制限・生産割当制限の開始
1950.11	富山化学による販売制限量以上の密造が発覚
1951.7	覚醒剤取締法施行

右：当時の三共製薬の倉庫で発見されたコカインその他の麻薬（1945.11）
左：使用制限が始まっても人々がすぐに使用をやめられたわけではなかった。写真はヒロポン密造工場の捜査の様子

誰でも薬局で気軽に買えた

最初に出回ったのは錠剤だ。敗戦によって大量の在庫を抱えた薬品会社が市場に放出したことで、**薬局に行けば誰でも気軽に買うことができた**。価格は20錠入りで約21円だった。

さらに、しだいに内服薬では飽き足らなくなった人々は、注射器で直接体内に摂取するようになった。価格は注射器10本入りで81円50銭、ヤミ市では１００～２００円以上で販売されていた。

同じ頃、タバコが10本50円だったことと比較すると、それがいかに簡単に手に入るものだったかがわかる。今でいえば強力な栄養ドリンク剤を買う感覚に近かったのだろう。

このヒロポンの流行は１９５１年に覚醒剤取締法が制定されるまで続いたのである。

海外からの救援物資に秘められた思い

アメリカから送られてきた「ララ物資」は多くの人を救ったが、支援のきっかけをつくったのはアメリカ在住の日本人だった。

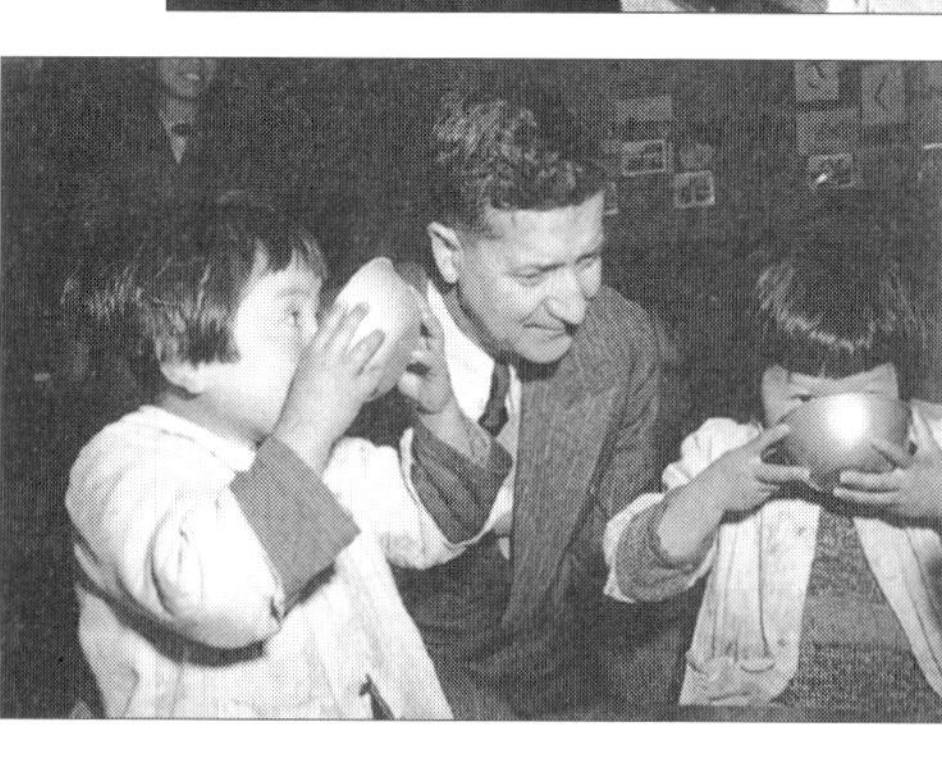

上：ララ物資を受け取る孤児院の院長（1946.10）
左：ララ物資として送られてきた脱脂粉乳を飲む子供たち。脱脂粉乳は1947年に再開した学校給食にも取り入れられた（1949.3.11）

当時の日本人の6人に1人が受けた物資

災害や紛争があると、世界中から苦難に見舞われた国や人々に援助の手が差し伸べられる。日本が援助する側に立つこともあるし、援助を受ける側になることもある。

戦後の日本に大きな救いをもたらしてくれたものといえば**「ララ物資」**だろう。「ララ」とは、「アジア救済公認団体（Licensed Agencies for Relief in Asia）」の略称で、アメリカの宗教団体や慈善団体など、13の団体が加盟して組織されたものだ。

ララ物資として送られてきたものは、**ありとあらゆる生活必需品**である。ミルクや穀類、缶詰、野菜などの食糧や下着や寝具を含む衣料、学用品や靴、医療品、さらには生きたままの乳牛やヤギなど、1952年までの間に届けられた物資は1万6207トン、金額にして400億円相当にものぼった。

そして、当時の日本の人口のおよそ6分の1にあたる1400万人が恩恵にあずかったのである。

上：ララ物資を受け取る子供たち（1946.12）
左：ララ物資に対する感謝祭に集まった子供たち（19483.12）
右：援助団体設立のきっかけをつくった浅野七之助

きっかけは アメリカの日系人

ララ物資は、当時はアメリカからの善意という認識だったが、じつは発足のきっかけは海を渡った1人の日系人である。

その人物は、サンフランシスコで日本語新聞の編集長をしていた**浅野七之助**だ。

浅野は1946年、戦争に負けた祖国の窮状に心を痛め「日本難民救済会」を立ち上げる。

かつての敵国を救済する活動になかなか支援は得られなかったが、来日経験があり親日家でもあったエスター・ローズ女史との出会いで事態は好転した。

当時GHQは伏せていたが、最終的にララ物資にかかわった日系団体は36を数える。

戦後の日本を飢えから救ったのは、アメリカの善意のみならず、**多くの日系人の祖国への思い**だったのである。

巨大暴力団に成長した街の自警団

山口組三代目組長を務めた田岡一雄（写真提供:朝日新聞社／時事通信フォト）

神戸の伝説的人物・田岡一雄

終戦後、兵庫県の神戸市にある現在のJR三ノ宮―神戸の高架下には、全長2キロメートルにもおよぶ巨大なヤミ市があった。

この地には庶民をおびやかす大きな問題があった。

ここで金もうけに成功した者たちが幅をきかせ、無銭飲食や略奪、婦女暴行といった悪事がまかり通っていたことである。

この集団はいつしか一大勢力となり、神戸の街をカネと暴力で支配するようになった。

誰もが生きるのに精いっぱいで、頼みの警察もGHQの統制を受けてほとんど役に立たない。

そんな無秩序な社会にいてもたってもいられず自警団を結成した人物がいた。それが、伝説的人物として語り継がれている田岡一雄である。

市民からも頼りにされる

田岡は神戸を本拠地とする暴力団・山口組の構成員だった。

田岡は神戸を守るべく敵対勢力の締め出しに乗り出す。仲間と警備に歩き、悪事をはたらく者を痛めつけた。

もちろん敵からは命を狙われるようになったが、市民からは一目置かれ、いつしか頼りにされる存在になった。

そればかりか、ついには警察までもが、田岡が率いる自警団に援軍を求めたほどだったのである。

この活動により田岡は組内での地位を高め、ほどなくして山口組の三代目組長の座に就くこととなる。

暴力団と警察という本来なら相容れない集団が、治安維持のために結束したこともあり、田岡の行動は評価された。

3章

勝者と敗者

市街地を戦車で移動するアメリカ第98師団（大阪市近郊・1945.9）

マッカーサーと昭和天皇の会見

1945年9月27日、昭和天皇が初めてアメリカ大使館のマッカーサーのもとを訪れた。

天皇陛下、マックァーサー元帥御訪問
廿七日アメリカ大使館にて謹寫

聖上 米記者に御言葉

全世界平和に寄與

民生を確保 社會的安定を達成

ニューヨーク特電

上:1945年９月29日の朝日新聞
左:使用されなかったカット。左は昭和天皇が口を開き膝を曲げた状態だったため、右はマッカーサーが目を閉じていたため、３枚目に撮られた写真が使用された

掲載禁止を命じられた写真

軍服姿で腰に手をあてて立つノーネクタイのマッカーサーと、その隣に直立するモーニング姿の昭和天皇――この写真が新聞各紙に掲載されると、国民は二重の衝撃を受けた。

ひとつは、それまで神とされてきた**天皇陛下の生々しい姿**を目にしたことだ。

そして、**リラックスした様子のマッカーサーと正装した天皇陛下との対照的な姿**に、改めて敗戦や占領の現実を突きつけられた。

当初、内閣情報局はこの写真を新聞などに掲載することは不敬だとして禁止していたのだが、新聞各社はアメリカ人記者グループから流出した写真を掲載した。

そのため、新聞が発行されると内閣情報局はただちに発行禁止を命じたが、それに対してGHQは、日本政府が行ってきた情報規制を撤廃せよと指令を出したのである。

こうして、日本の敗戦を象徴するような2人の写真を掲載した新聞は全国で販売されることとなった。

会見の概要

［第１回］1945.9.27

マッカーサーを訪問した昭和天皇の乗る車。会談は非公開で行われたため、昭和天皇を乗せた車には厳重な警護はなかった。

昭和天皇の見送りのために玄関口まで出てきたマッカーサー（右から３人目）

［第１１回］1951.4.16

最後にマッカーサーを訪れた際の昭和天皇

マッカーサー

天皇制の廃止を検討

昭和天皇

私も日本国民も敗戦の事実を充分認識していることは申すまでもありません。今後は平和の基礎の上に新日本を建設するため私としてもできる限り力を尽くしたいと思います

マッカーサー

陛下ほど日本を知り日本国民を知る者は他にございませぬ

（外務省記録「本邦における外国人謁見及び記帳関係雑件　米国人の部」より・現代かなづかいに変換）

1946.1.25　マッカーサーがアメリカに「天皇に責任なし」と報告

1946.4.3　極東委員会が昭和天皇不起訴の方針を決定

プライドを見せた昭和天皇

マッカーサーは当初、「天皇のメンツ」をつぶそうと考えていた。前掲の写真のようにわざとラフにふるまって、**昭和天皇に自分の立場を誇示しようとした**のだ。

だが目の前にいる人物は、毅然として占領軍の最高司令官に立ち向かっている。みずからの命をかえりみず、国民のために会見にのぞんだのだ。

このことは、マッカーサーにとって衝撃であり、のちに出版された回想記に、天皇陛下は日本の最上の紳士だと感じたと記している。

昭和天皇とマッカーサーの会談は合計11回にわたって行われたが、昭和天皇は出されたコーヒーにも手をつけず、占領者に対して元首としてのプライドを見せたという。

恐怖とともに進駐軍を迎えた日本人

連合国軍の先遣隊が厚木に到着する前後から、街にはおそろしい噂が広まっていた。

アメリカ兵にカメラを向けられ逃げていく日本人（1946）

女性を守るために慰安施設ができる

「連合軍の進駐は政府と平和的になされるもので、国民は平常通り安心して生活されたし」

（神奈川県が出した心構え）

8月28日の占領軍東京進駐までに
約1360人の慰安婦を確保
3ヶ月以内に慰安所を25箇所開設

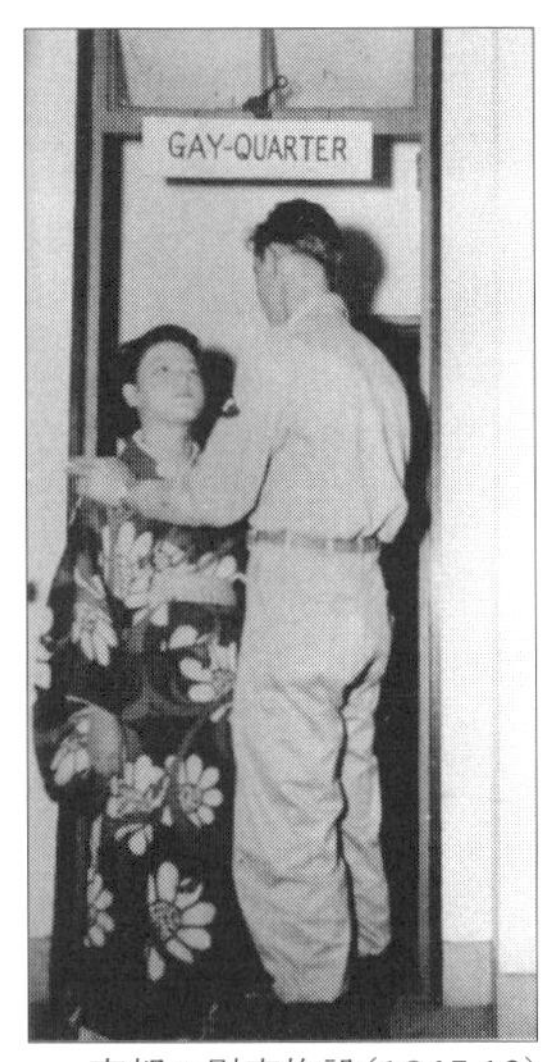

京都の慰安施設（1945.10）

「鬼畜米英」の進駐

戦時中、「鬼畜米英」と呼んで恐れていた連合国軍兵士がこの日本を占領しにやってくる――。それは敗戦を味わうことになった日本人にとって、想像もできないほどの恐怖だった。

連合国軍の先遣隊が到着すると通知された8月28日が近づくにつれて、人々の間には噂やデマが広がっていった。

「**何が起こるかわからない**」「婦女子は兵士に暴行されるかもしれないから**今のうちに逃げたほうがいい**」などという噂は、多くの人を震え上がらせた。

上：アメリカの軍用チョコ。食品メーカーと米軍が協力してつくった非常食用のチョコレートは高カロリーだったが、わざと「ゆでたジャガイモより少しマシな程度」の味につくってあったという

左：お菓子を配るアメリカ兵に手を差し出す子供たち（1945.9）

左下：日本橋高島屋前に停車した米軍のジープを見ようと集まる人々。子供だけでなく大人もアメリカの技術に興味津々だった

進駐軍が日本に来ると聞いてどう感じたか？

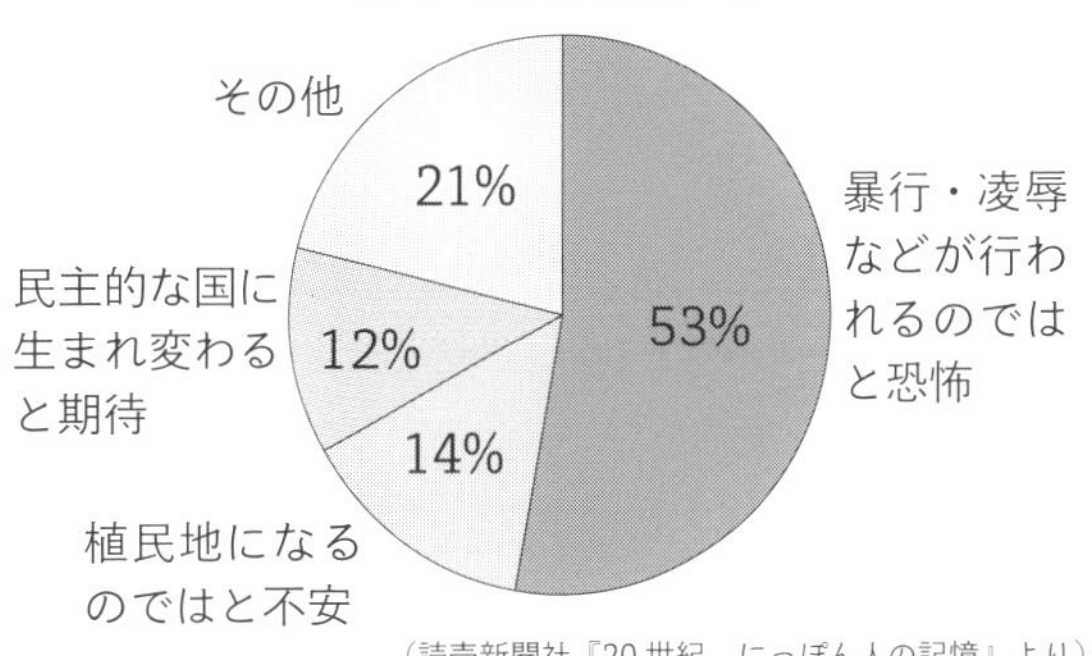

（読売新聞社『20世紀　にっぽん人の記憶』より）

アメリカの物資に圧倒される

しかし日本人は、進駐軍が日本に持ち込んだ物資を見てその豊かさに圧倒された。

アメリカ兵は**大量のチョコレートやアメ、ガム**をじつに気前よく配ったのである。

これを見た子供たちは目を輝かせた。進駐軍のジープを見かけると駆け寄り、占領から数日もすれば「ギブ・ミー・チョコレート」「ギブ・ミー・キャンディー」などが兵士に近づく合言葉になった。

甘い菓子を道行く人にばらまくのは、進駐軍の**懐柔作戦**だった。戦時中から悲惨な食生活に耐えてきた大人は子供を叱ったというが、子供はすっかりアメリカ人兵士の虜になった。

そして、アメリカの豊かさへのあこがれが復興への原動力となっていったのだ。

戦後初のベストセラーは『日米会話手帳』

連合国軍による日本占領が始まると、日本の風景に英字があふれるようになった。

右：東京の地下鉄駅に「タイムズスクエア」と書かれた看板を掲げる米兵（1945.10）
下：東京の靖国通りと白山通りの交差点に設置された英字標識（1947.10）

下：一般の店舗にも英語の看板が掲げられた。これはアメリカのタバコ「ラッキーストライク」のパッケージを模したもの

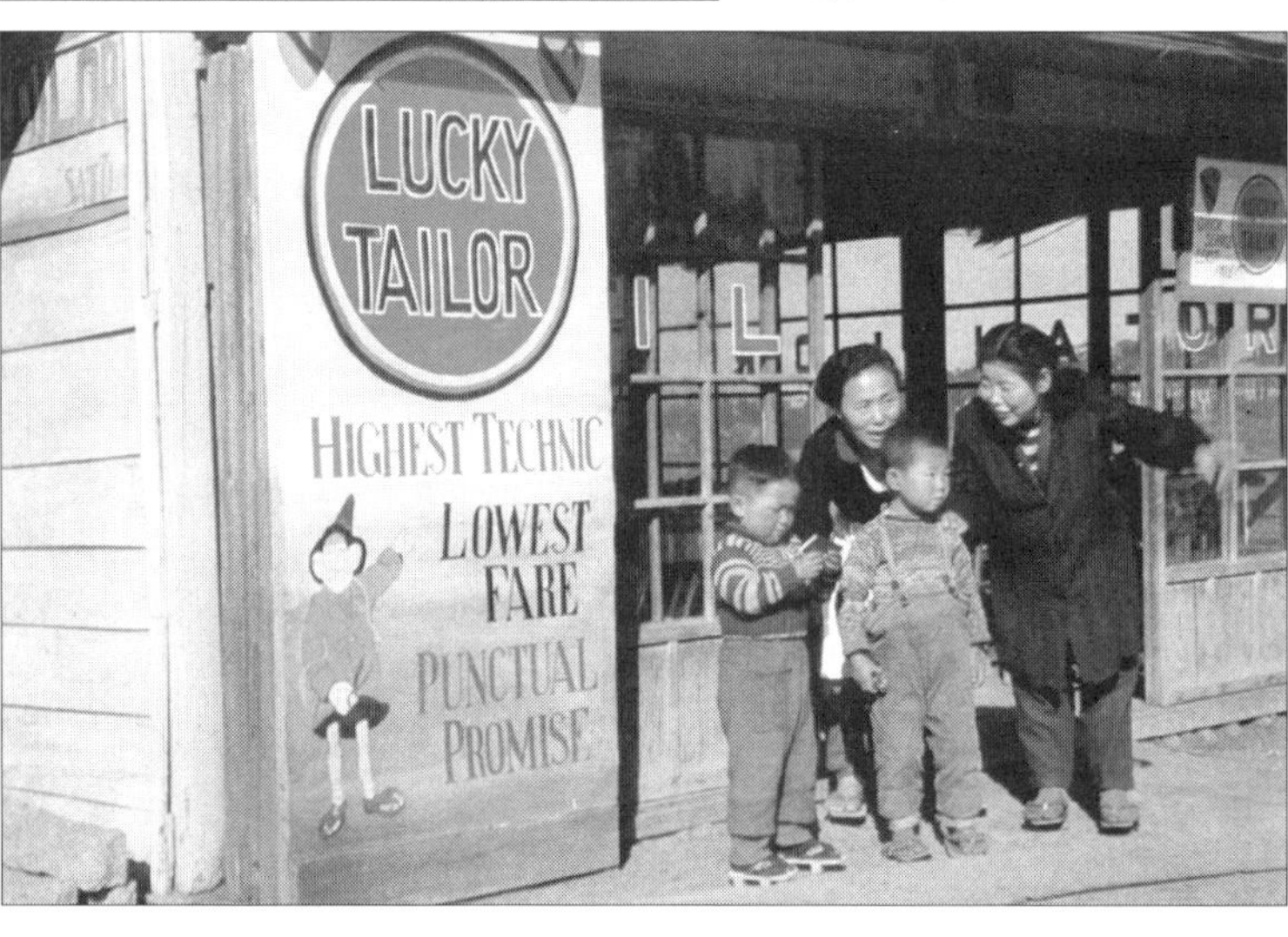

日本中に現れた英語の標識

連合国軍の占領が始まってから、東京の銀座をはじめとした多くの場所で英語表記の看板が掲げられるようになった。

英語の標識は進駐軍がつくったものばかりではない。東京都は「官庁、銀行、会社、大商店等はその名称及び業種を英文の看板により明示すること」と注意を出していた。日本語の読めない外国人兵士が勘違いする可能性があるからだという。

そのため、怪しげな英語の看板もどんどん出現したのである。

日米會話手帳
ANGLO-JAPANESE
CONVERSATION MANUAL
1945

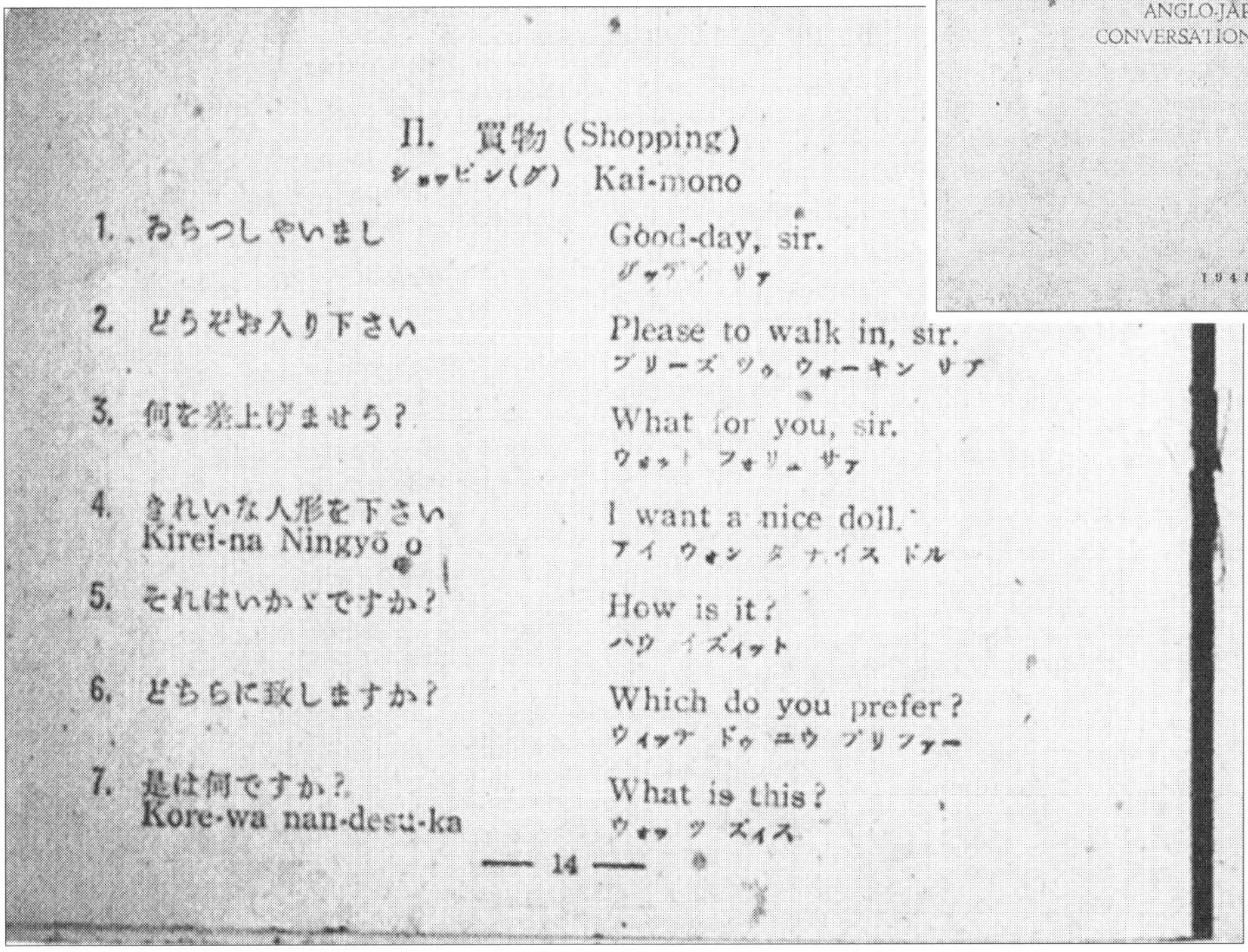

II. 買物 (Shopping)
シャッピン(グ) Kai-mono

1. おらつしやいまし　Good-day, sir.　グッヂイ サァ
2. どうぞお入り下さい　Please to walk in, sir.　プリーズ ツゥ ウォーキン サァ
3. 何を差上げませう？　What for you, sir.　ウォット フォリュ サァ
4. きれいな人形を下さい Kirei-na Ningyō o　I want a nice doll.　アイ ウォン タ ナイス ドル
5. それはいかゞですか？　How is it?　ハウ イズィット
6. どちらに致しますか？　Which do you prefer?　ウィッチ ドゥ ユウ プリファー
7. 是は何ですか？ Kore-wa nan-desu-ka　What is this?　ウォッ ツ ズィス

— 14 —

上:『日米会話手帳』表紙
左:同誌中身。どちらもごくシンプルなものになっている

終戦の年に360万部売れた本

連合国軍による占領統治が始まってから2週間ほどたった1945年9月15日、1冊の本が発売された。32ページの単行本**『日米会話手帳』**である。

出版したのは誠文堂新光社の子会社の科学教材社だ。

社長の小川菊松は日本の敗戦を伝える玉音放送を聞き、涙を流しながらこの英会話本の企画を思いついたという。

しかも、極端に物資がないご時世だったにもかかわらず、小川は自社に大量の紙を持っていた。

誠文堂新光社は、戦時中も軍事技術をたたえる科学雑誌をつくっていたことから、たくさんの紙の配給を受けていたのだ。

小川は原稿をつくると、焼け残った大日本印刷に大八車で紙を運んで、本を完成させた。

本が発売されると全国から注文が殺到し、初版の30万部は数日で売り切れた。

そして、わずか3ヵ月で300万部を売り上げ、総発行部数360万部という**戦後初のミリオンセラー**となったのだ。

戦時中、英語は「敵性語」として厳しく禁止されていた。外来語はことごとく日本語に言い換えられ、コロッケは「油揚げ肉まんじゅう」、サイダーは「噴出水」などといわれていたのだ。

だが、実際のアメリカ人を目の当たりにすると、やたらとフレンドリーで物資は豊か。日本人の英語アレルギーはしだいに薄れ、英語を身につけてアメリカ人相手に商売をしようとする者や、通訳を目指す者も現れ始める。

だが、出版から3ヵ月たって類似本が続々とつくられると、『日米会話手帳』はお役御免とばかりにあっさりと絶版になったのである。

原爆の報道に目を光らせたアメリカ

ＧＨＱは原爆に関する報道を、日本国内はもちろん、アメリカでも厳しく制限した。

広島に落とされた原爆があげるキノコ雲

国民の戦意喪失を恐れ隠蔽された事実

一瞬にして大勢の人々の命と街が破壊される――現代ならインターネットを通して瞬時に知れわたるような大事件だが、当時の日本人が原爆の投下を詳しく知るのは、かなり時間がたってからのことになる。

日本政府が、**悲惨な現実を知った国民が戦意喪失することを恐れ、事実を隠した**からだ。

新聞紙上に初めて「原爆投下」の文字が載ったのは、８月11日のことだった。

日本政府は報道規制を解除して、アメリカ軍機が広島と長崎に落としたのが新型爆弾であること、そしてその威力が毒ガス以上であることを発表した。

終戦後、連合国軍が日本に上陸すると、再び原爆報道は一切されなくなる。新たな**報道の検閲**が始まったからだ。

ＧＨＱはみずからの威信を傷つけたり、批判する記事については、印刷前に削除してことごとく封印した。

なかでも、原爆に関する報道については、いち早く厳重に報道を禁じたのだ。外国人記者への対応も同様だった。

国内の原爆報道第一弾

朝日新聞

沖縄周邊の敵艦隊に壮烈なる突入作戰

伊藤中將 大將に進

前橋、西宮を焼爆

四百機 中小都市へ

朝日新聞

廣島へ敵新型爆彈

B29少數機で來襲攻撃

相當の被害、詳細は目下調査中

上:1945年８月７日の朝日新聞朝刊。原子爆弾投下についての記述は５行のみだった
下:翌日の朝日新聞朝刊。表記は「新型爆弾」

1949年発行の『長崎の鐘』。著者は長崎で被爆した医師の永井隆で、みずからの病状を「原子病」として書いたが、検閲によって発行禁止になった。発売のためには、日本の軍国主義を強調した「マニラの悲劇」を同時収録する必要があった

"All the News That's Fit to Print"

The New York Times.

LATE CITY EDITION

NEW YORK, TUESDAY, AUGUST 7, 1945.

FIRST ATOMIC BOMB DROPPED ON JAPAN; MISSILE IS EQUAL TO 20,000 TONS OF TNT; TRUMAN WARNS FOE OF A 'RAIN OF RUIN'

HIRAM W. JOHNSON, REPUBLICAN DEAN IN THE SENATE, DIES

Jet Plane Explosion Kills Major Bong, Top U. S. Ace

KYUSHU CITY RAZED

REPORT BY BRITAIN

Steel Tower 'Vaporized' In Trial of Mighty Bomb

NEW AGE USHERED

ROCKET SITE IS SEEN

ROOSEVELT AID CITED

HIROSHIMA IS TARGET

NO RADIOACTIVITY IN HIROSHIMA RUIN

Army Investigators Also Report Absence of Ground Fusing—68,000 Buildings Damaged

By W. H. LAWRENCE

By Wireless to THE NEW YORK TIMES

TOKYO, Sept. 12—Brig. Gen. T. F. Farrell, chief of the War Department's atomic bomb mission, reported tonight after a survey of blasted Hiroshima that the explosive power of the secret weapon was greater even than its inventors envisaged, but he denied categorically that it produced a dangerous, lingering radioactivity in the ruins of the town or caused a form of poison gas at the moment of explosion.

Talking with reporters soon after his return from the site of the first atomic bomb explosion, General Farrell gave this report on the historic Aug. 6 bombing mission:

For a radius of one and a quarter miles from the point of detonation, the area including the Japanese military headquarters was completely demolished, to a radius of two miles, everything is blasted, with some burning; between two and three miles, the buildings are about half destroyed; beyond three miles, the damage is generally

アメリカでの報道の変化

上:1945年８月７日のニューヨーク・タイムズ。見出しは「初の原子爆弾を日本に投下・トルーマンは"破滅の雨が降る"と警告」
右:９月13日の同紙。見出しは「広島に放射能はなかった」。原爆投下後の状況を詳しく報道することはアメリカでも制限された
下:9月5日のロンドンデイリーエクスプレス。見出しは「原子の伝染病」

DAILY EXPRESS

30th DAY in Hiroshima: Those who escaped begin to die, victims of—

THE ATOMIC PLAGUE

'I write this as a warning to the world'

DOCTORS FALL AS THEY WORK

Poison gas fear: All wear masks

THE PICTURE THAT DOES NOT TELL THE WHOLE STORY

The big switch: 'Over by spring'

3,320,173 AMAZES AMERICA

原爆投下を正当化したアメリカ政府

長崎に原爆が落とされた直後の8月10日、日本政府はスイス政府を通じてアメリカに強く抗議している。

B29による無差別攻撃や原爆投下は戦闘員以外の人々を大量に殺戮（さつりく）する国際法違反の非人道的行為だとして、海外に広めようという動きもあった。

だがアメリカ政府は、日本軍が連合国捕虜を虐待していることを理由に、**原爆を落としたことを正当化した**。

一方、国内では原爆被災記録映画をつくろうとする動きもあり、日本映画社は廃墟となった広島と長崎に入ってその惨状を記録した。

だが、そのフィルムも完成と同時にアメリカ軍に没収され、原爆の恐ろしさを世に広めることはできなかったのだ。

GHQ制作のラジオ番組『眞相はかうだ』

日本人の認識を変えさせるためにGHQはラジオ番組を利用した。

GHQに接収されて「ラジオ・トウキョウ」となっていた頃のNHK放送会館。CIEの本拠地として、検閲なども行われていた

ゴールデンタイムに放送された「暴露番組」

1945年12月9日、NHKラジオ第1放送と第2放送の同時放送で、ある番組が始まった。番組名は**『眞相（しんそう）はかうだ』**だ。

戦時中、日本軍や政府が国民に伝えなかった真実を暴露するというふれこみでスタートした番組である。

登場人物は文筆家の男性と「太郎」という男の子で、太郎の疑問に男性が答えていくという形式のシナリオだった。

たとえば太郎が、「新聞には日本軍が敵に多くの損害を与えたと書いてあったのになぜ負けたのか」と聞けば、文筆家は「それは大本営のウソ八百で……」などと大本営発表が虚偽に満ちていたことを教える。

そして、連合国の行いがいかに正しかったかを説いて、新しい未来をイメージさせて締めくくる。

これを毎日繰り返し日本人に聞かせたのである。

『眞相はかうだ』は、毎週日曜日の午後8時というゴールデンタイムに全10回にわたって放送されたうえに、再放送が毎日のように繰り返し流された。

「眞相はかうだ」放送の内容
第1回(1945年12月9日放送)

男性

今日すでに戦争犯罪とはどんなものか、わかりましたね。

太郎くん

ええ、軍閥の名前や戦争犯罪人の名前はわかった。

誰なんですか、誰ですか、それは誰ですか。

東条(英機)と山下(奉文)と山本(五十六)です。

(参考:賀茂道子『GHQは日本人の戦争観を変えたか』光文社)

上:CIEは日本各地に「CIEライブラリー」を設置し、アメリカの最新雑誌等を提供した(1946.4)
下:東京の交通博物館に「アメリカンルーム」をつくり、日本の子供を集めていた。写真は鉄道模型のしかけを説明するアメリカ鉄道部隊司令官

企画・脚本・演出はGHQ

『眞相はかうだ』は表向きにはNHKが制作した番組とされていたが、じつは企画から脚本、演出までをすべてGHQ**の民間情報教育局**（CIE）が手がけていた。

これは、日本の軍国主義を排除して、日本人の精神構造をコントロールすることを意図してつくられた番組だったのだ。

目的のためには事実の歪曲も行われた。

たとえば、原爆投下は連合国からの予告を無視した日本政府のせいだと語った。

また、ポツダム宣言がいかに寛大で人道的な条件だったかなども語られ、**敗北感や安堵感など複雑な気持ちを抱えていた日本人の心をさらに揺さぶった。**

この番組がいうように、戦時下に流されていた大本営発表は虚実入り混じったものだった。

日々、日本軍が優勢だと聞かされながら、ある日突然敗戦を告げられた国民は、真相を知りたいと願ったことだろう。だが、その真相を伝えるという番組さえも歪曲されていたのだ。

ただ『眞相はかうだ』が回を重ねるごとに、NHKラジオには批判的な投書が増えていった。日本の極悪非道さを強調していたうえに、演出に効果音を使うアメリカ流の手法が日本人に合わなかったのだろう。

『眞相はかうだ』の放送が終わると、翌週からは『眞相箱』が始まった。『眞相箱』は、番組に届いたリスナーの質問に答えるというスタイルだったが、目的は『眞相はかうだ』と変わりなかった。

10ヵ月あまりで『眞相箱』が終わると、今度は『質問箱』が始まり、1948年1月まで続いた。名前を変えて、プロパガンダ番組は数年続いたのである。

幻に終わった日本分割統治計画

連合国側からは一時、日本を4ヵ国で分割統治するという案が出ていた。

戦後の利害調整が相談されたヤルタ会談での一幕。アメリカのルーズベルト（中央）とソ連のスターリン（右）、イギリスのチャーチル（左）との間には密約が交わされていた（1945.2）

大戦終結直後の冷戦の始まり

北朝鮮
北緯38度線
韓国

朝鮮半島（1950～）
ベトナム（1954～1976）

連合国の直接統治となったドイツの分割状況（1945～1949）

東西冷戦の始まり

第２次世界大戦が終結すると、今度は世界がアメリカを中心とする資本主義陣営と、ソ連を中心とする社会主義陣営とに分かれて睨み合いを始めた。**東西冷戦**の始まりである。

この大国同士のイデオロギーの対立によって、ドイツやベトナムでは一時期国家が分断し、朝鮮半島では今でも分断が続いている。

だが、じつは戦後の日本占領についても、ドイツと同様に分割占領することが決められていたのだ。

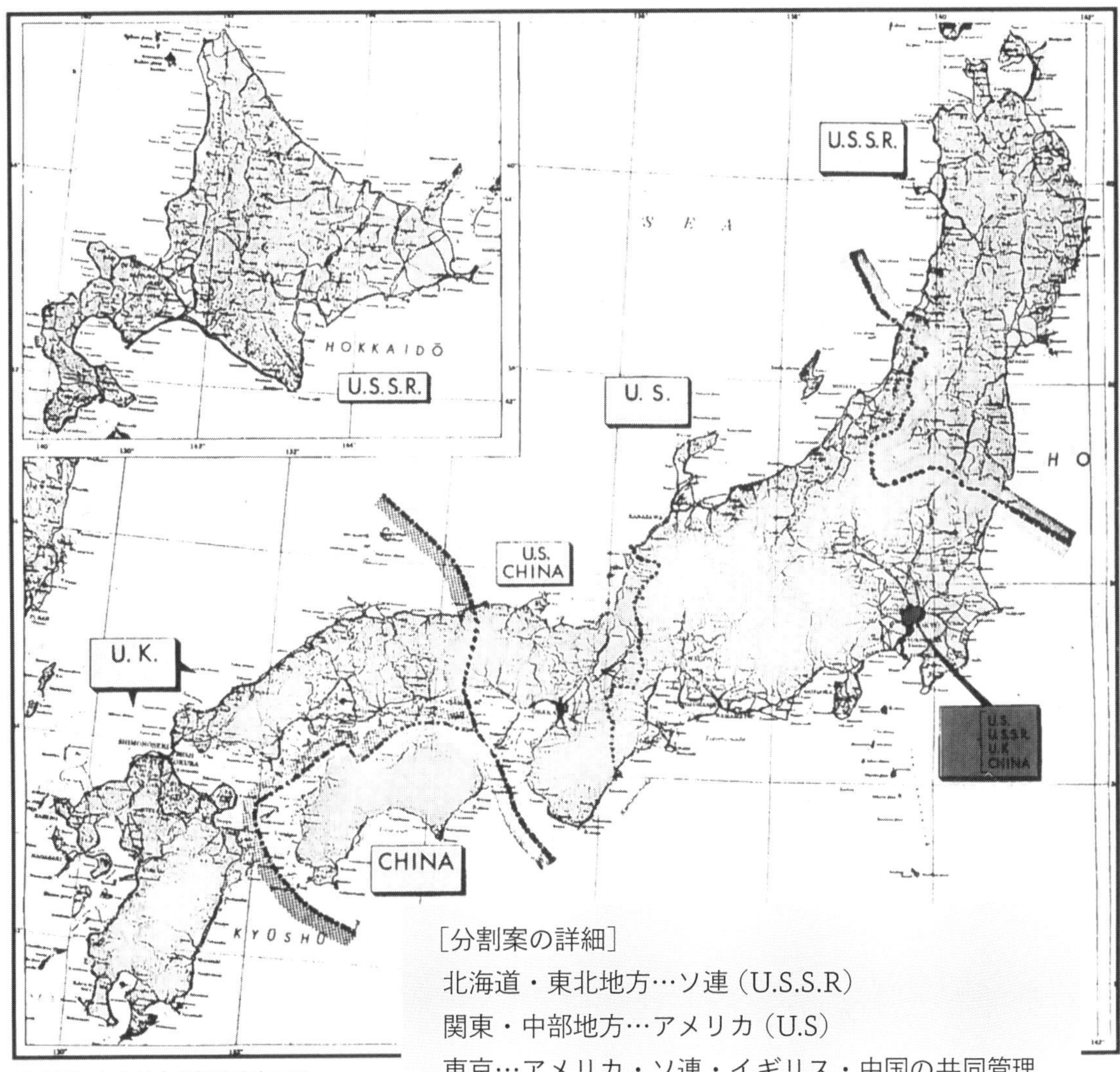

4カ国による日本分割統治案の図

［分割案の詳細］
北海道・東北地方…ソ連（U.S.S.R）
関東・中部地方…アメリカ（U.S）
東京…アメリカ・ソ連・イギリス・中国の共同管理
関西地方…アメリカと中国で共同管理
四国地方…中国（CHINA）
中国・九州地方…イギリス（U.K）
沖縄…分離統治

分断をまぬがれた日本

日本分割占領案は、終戦までにアメリカ軍の内部でほぼ固まっていたという。

だが、この案は実行されることなく**廃案**になった。

理由ははっきりとしないのだが、一説にはアメリカが大戦中に核爆弾の開発と運用に成功したため、アメリカが日本占領の主導権を握れたからではないかといわれている。

また、大戦中にアメリカを率いていたルーズベルト大統領が急死したことで、アメリカの対ソ連外交政策が変わったからだという説もある。

実際、8月16日にソ連のスターリンが北海道におけるさらなる占領地拡大を要求したが、トルーマン大統領はこれを拒否し、結果的に分割統治案は廃案になったのである。

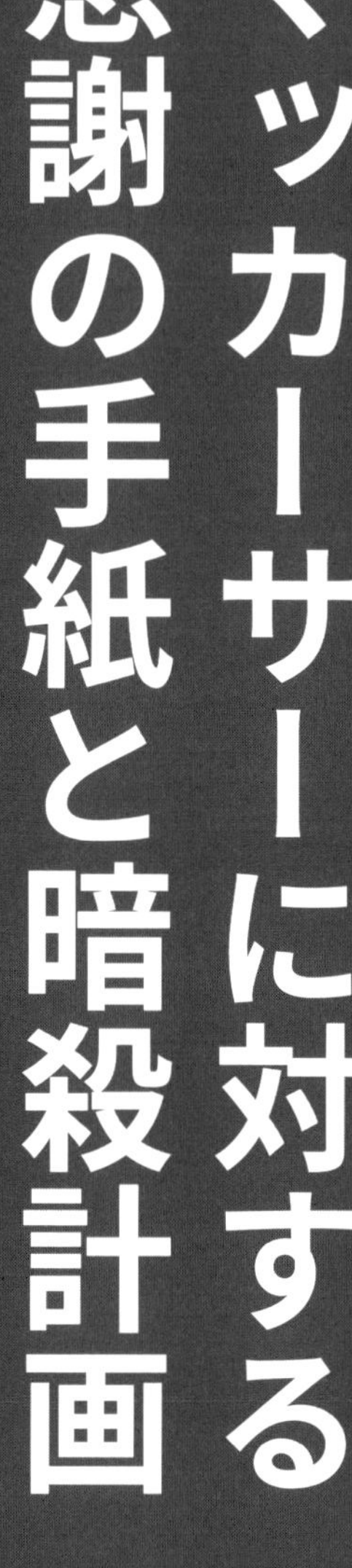

マッカーサーに対する感謝の手紙と暗殺計画

「青い目の大君」とも呼ばれたマッカーサーは、日本人からの人気が高かった。

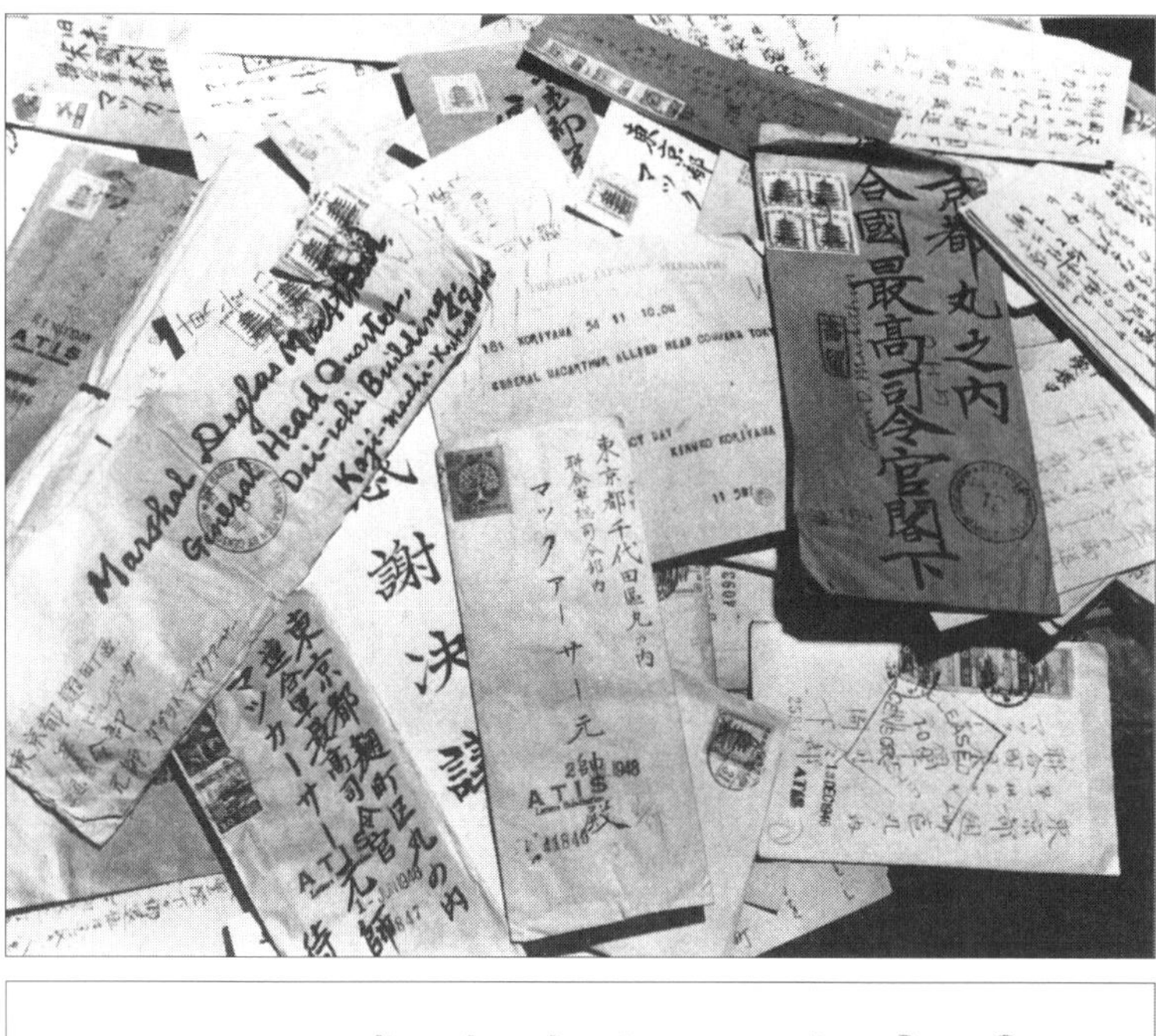

決議

日本進駐後ニ於ケル閣下ノ民主主義的適切ナル占領施策ニ満腔ノ敬意ヲ表スルト共ニ極メテ窮迫セル食糧事情ニ即應シ絶大ナル援助ヲ賜ハリ日本國民ヲ飢餓線上ヨリ救済セル崇高ナル人道的行為ニ對シ本市會ハ全會一致深甚ナル感謝ノ誠ヲ披歴ス

昭和二十一年八月二十七日　埼玉縣熊谷市會議長　洞上仁濟

聯合軍最高司令官
ダグラス マッカアサア閣下

上：マッカーサーに届けられた手紙の一部（1948.８）
下：埼玉県熊谷市市議会議長がマッカーサーに送った感謝決議状（1946.9）

マッカーサーに感謝した日本人

連合国軍の最高司令官として占領のために日本を訪れていたにもかかわらず、マッカーサーのもとには、日本の人々から実に多くの手紙が届いた。

その数は**約50万通**で、書き送ったのは老若男女を問わず、中には旧軍人や共産党員もいたという。

その内容はおおむね好意的で、中には「日本の将来と子孫の幸福のために、日本をアメリカの属国としてくだされ」などと書かれたものもあった。

左：日本に別れを告げる帰国直前のマッカーサー
上：羽田空港の沿道には多くの人々が集まりマッカーサーを見送った（1951.4.16）

右：1946年４月30日、翌５月１日にマッカーサー暗殺計画をたてていた罪で逮捕された荒井照成。共産党の権威失墜をねらったと自供している（1952.8.8）

謎の多い暗殺計画

日本の国民の多くから人気を集めていたマッカーサーだが、一部で不穏な動きもあった。

1946年5月1日、新聞各紙に**マッカーサーの暗殺計画**を企てている男がいるという記事が掲載された。

「トカヤマヒデオ」という共産主義者らしき男が、メーデーの騒ぎに乗じてマッカーサー暗殺を企んでいたことが発覚し、その男の行方を追っているというのだ。

計画が実行される前に発覚したのは、共犯者とされる男からタレコミがあったからだという。共犯者は「カナツコーイチ」といい、トカヤマヒデオとは朝鮮の憲兵学校時代の同級生だったといった。

カナツは4月半ばにトカヤマと東京で会い、そこでマッカーサー暗殺計画を直接聞かされた。トカヤマは手榴弾や拳銃、資金として14万円を用意していたという。

このことを4月25日になってカナツがアメリカ陸軍対敵諜報部隊（CIC）に話したことから、暗殺計画が発覚したというのだ。

日本を占領下に置いている連合国軍の最高司令官が何者かに狙われているのだ。これは、間違いなく大事件である。

にもかかわらず、記事は4段ほどの囲み記事で、その後の追跡記事もない。数多く残っているアメリカ将校の回顧録にも、この暗殺未遂事件のことは書かれていなかった。

果たして、トカヤマヒデオなる人物は実在したのか、それともGHQの演出だったのか。今となっては、真相はすべて闇の中である。

B29をながめる日本人の意識の変化

富士山上空を編隊飛行するB29(1946.1.10)(写真提供:共同通信社)

犠牲者が10万人にのぼった東京大空襲

アメリカ軍の爆撃機Ｂ29は、当時世界最高峰の戦闘能力を誇り、日本の主要都市のほとんどを爆撃したことでよく知られている。

１９４５年3月10日の東京大空襲には、東京上空に３００機のＢ29が襲来した。

午前0時過ぎからおよそ2時間にわたったこの空襲によって、27万戸が全焼し、犠牲者は10万人にのぼった。

しかし、Ｂ29という日本軍にはない大型の爆撃機に、素直に感嘆した人も多かったという。

「偵察のために昼間にＢ29が来ると、その機体をつい凝視したものだった。気がつくと隣にいた近所のおじさんも口を開けて見とれていた」などと、子供の頃の戦争体験を振り返った人もいる。

翌年には「平和の使節」になる

終戦の翌年、米軍の陸軍航空記念日にあたる8月1日に、30機のＢ29が低空飛行しながら式典を祝ったというＮＨＫのニュース映像が残っている。

それを見ると、Ｂ29を見上げる人々はのんびりとしたたたずまいで、子供にいたっては飛行機に向かって手を振ったりもしている。

ナレーションはこの様子を「戦争中には恐怖の的だったＢ29が、今度は平和の使節としてやってきた」と表現した。

空襲の恐怖を忘れたわけではないだろうが、憎かった敵機も戦いが終われば興味の対象になる。Ｂ29を平常心でながめるということは、同時に日本の日常に、当たり前のようにアメリカが入り込んできたことを意味していたのかもしれない。

4章

混乱と事件

「血のメーデー」で入り乱れる暴徒と警察部隊（皇居外苑・1952.5）

ハイパーインフレで物価が１００倍になる

過剰に供給された紙幣と深刻なモノ不足によって、戦後の日本は物価が高騰した。

通貨発行量の増大

食糧・日用品の不足

失業者の急増

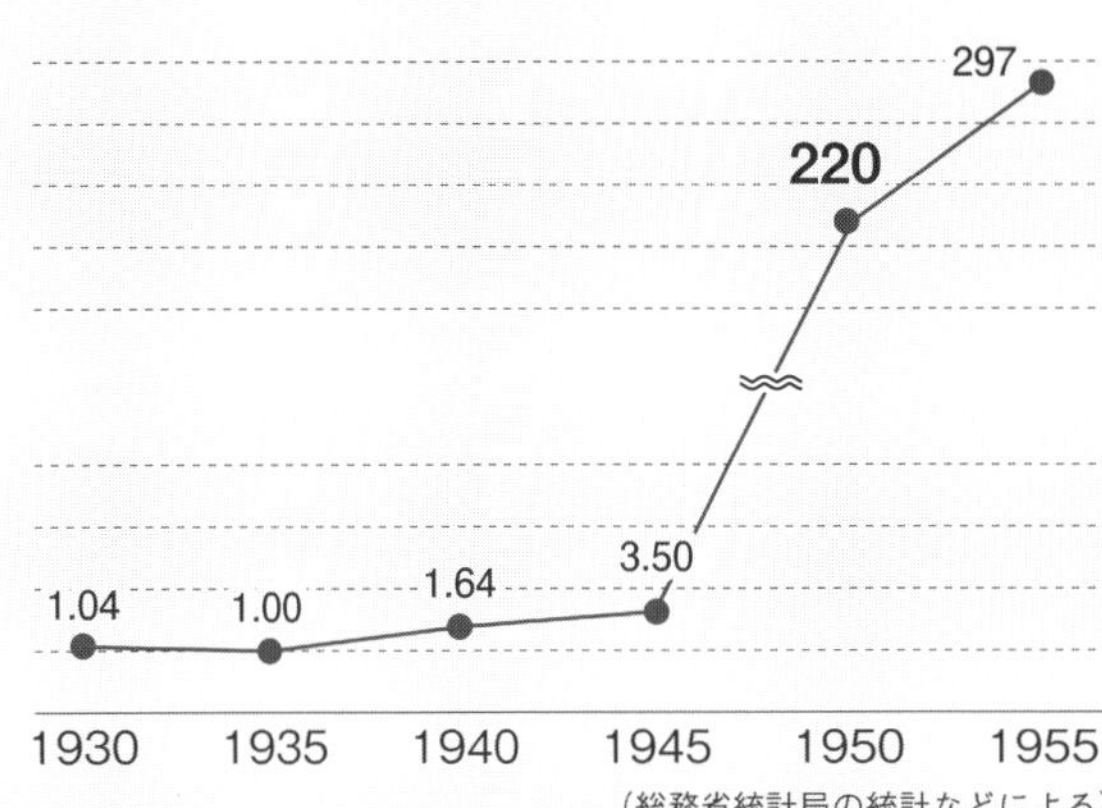

映画の切符売場に築かれたお札の山（1946.11）

1950年１月７日に新登場する聖徳太子の1000円札の山（1949.11.27）

米の値段が70倍に

終戦後の日本は、数年間で消費者物価指数が約１００倍になるという**ハイパーインフレ**に見舞われた。

たとえば、米10キログラムの値段は１９４５年12月の時点では６円だったが、５年後には４４５円に値上がりしている。１９４５年に60円だった巡査の初任給も４後年には３７７２円と60倍以上になっている。

庶民が生きるために次々と預金を引き出してヤミ物資を買った結果、物価は高騰し、さらにインフレを加速させたのである。

通貨発行量が増大した理由

臨時軍事費（陸軍や海軍の作戦遂行のために設けられた特別会計）

1945年度850億円ほとんど軍需会社に渡されていた

←

しかし資源不足で軍需物資の生産ができないうちに終戦を迎える

＋

国民による預金の引き出し

←

市中に大量の紙幣が放出される

日本銀行券発行高

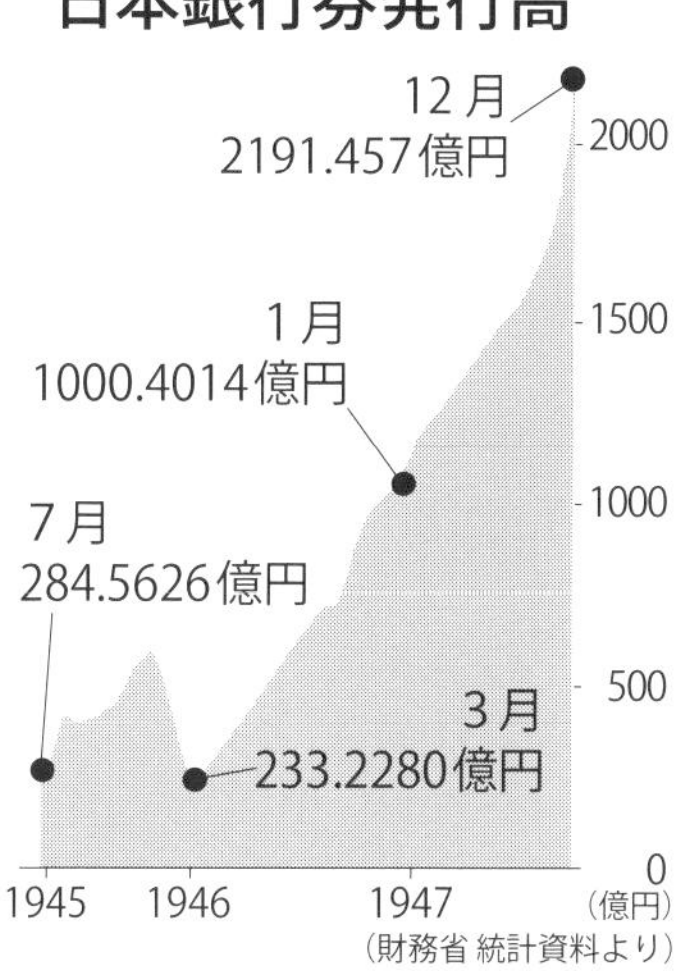

(財務省 統計資料より)

GHQの経済安定化政策

「ドッジ・ライン」

- 通貨供給量を減らす超均衡予算
- 1ドル＝360円の単一為替レート
- 公共事業の大幅削減
- 国営鉄道の運賃値上げ
- 郵便料金の値上げ
- 大増税など

ジョセフ・ドッジ

1948年度 1400億円の赤字

→

1949年度 1500億円の黒字

ただし
- 産業界の資金不足
- 輸入業の疲弊

→

経済の混乱は1950年勃発の朝鮮戦争まで続く

戦争の勃発によって大忙しになったエンジン工場（1951.6）

GHQの政策と朝鮮戦争による復活

この状況に歯止めをかけるために、GHQの経済顧問公使だったジョセフ・ドッジが行ったのが、**「ドッジ・ライン」と呼ばれる経済安定化政策**だ。

通貨供給量を減らす超均衡予算や、1ドル＝360円という単一為替レートの設定などの施策で、日本政府の財政は1948年度の1400億円の赤字から一転、翌年度には1500億円の黒字に転換した。

しかし、荒療治はゆがみも生み、急激なインフレ抑制策により産業界が資金不足になり、単一為替レートの制定は円安による輸入業の疲弊をもたらす。

この経済の混乱は1950年の朝鮮戦争勃発まで続き、皮肉なことに戦争特需が日本経済を戦争のダメージから復活させる事態になったのである。

預金封鎖と新円切替による大パニック

インフレ対策として実施された措置は、準備不足だったこともあり、大混乱を招いた。

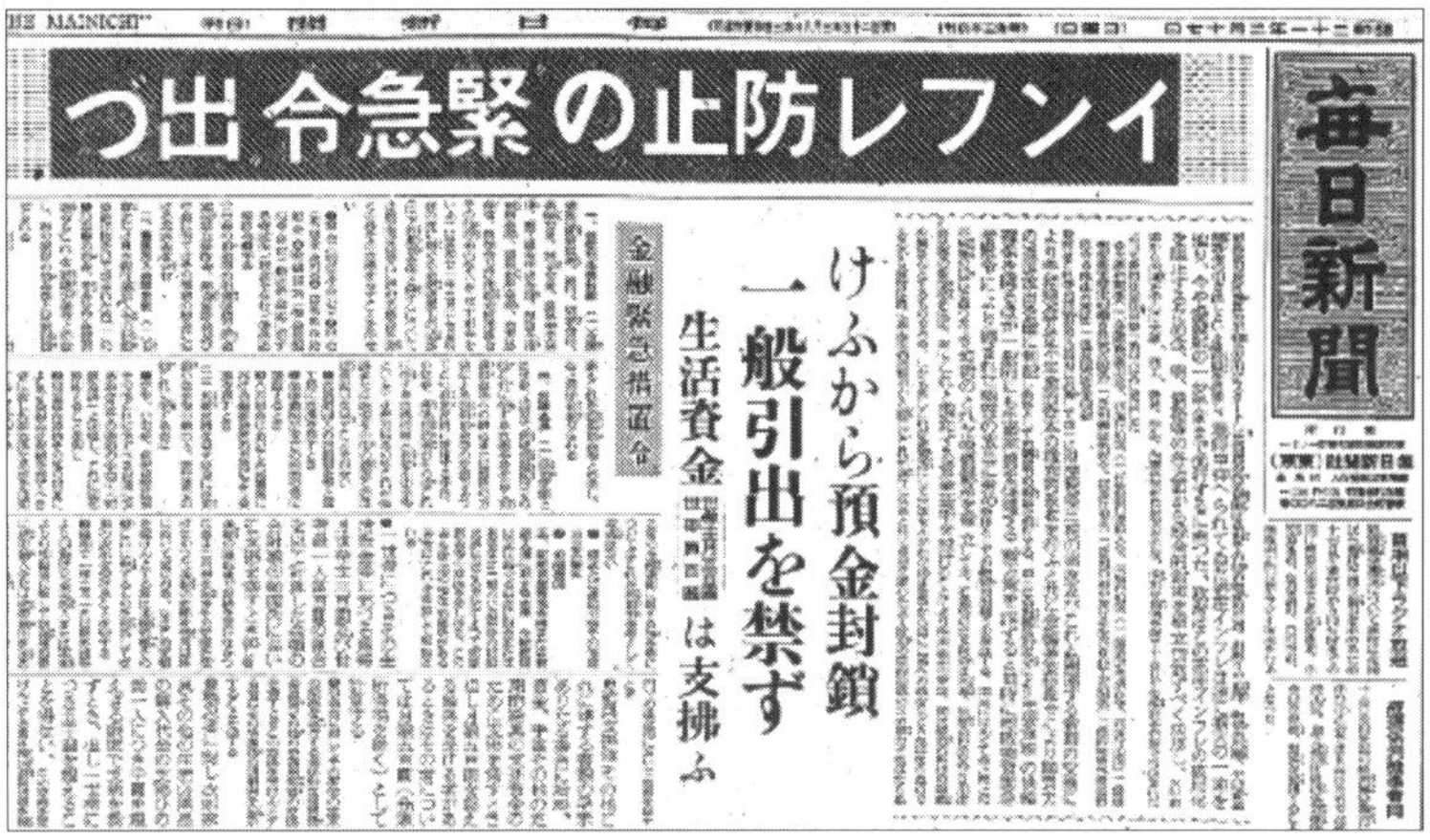
毎日新聞

インフレ防止の緊急令出づ

けふから預金封鎖

一般引出を禁ず

生活資金は支拂ふ

金融緊急措置令

上：預金封鎖当日の毎日新聞（1946.2.17）

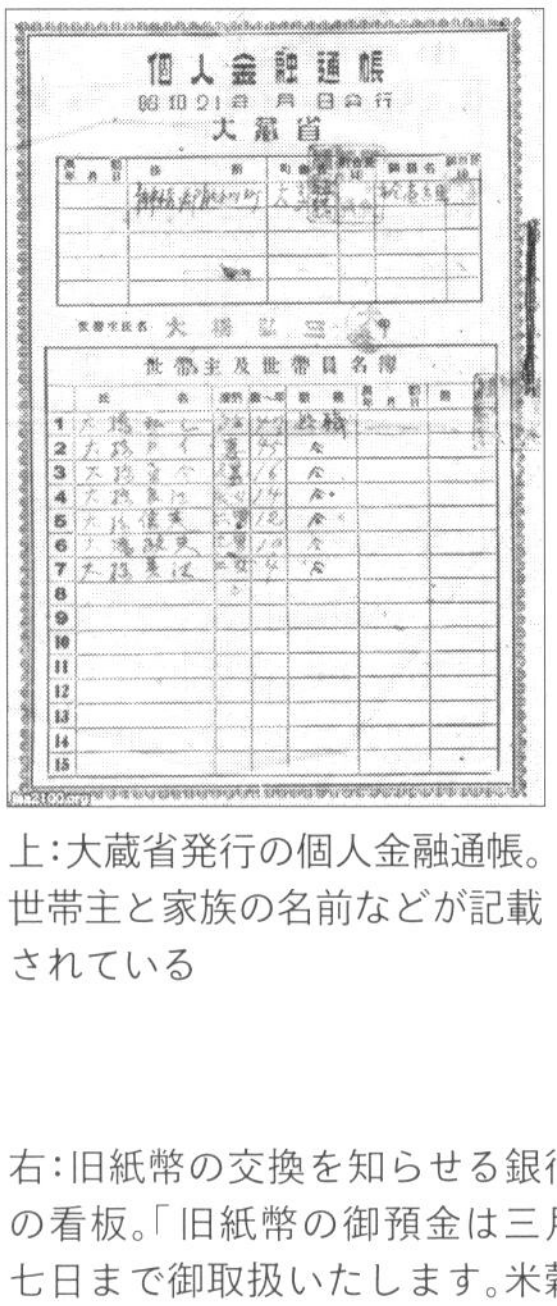
個人金融通帳

大蔵省

世帯主及世帯員名簿

上：大蔵省発行の個人金融通帳。世帯主と家族の名前などが記載されている

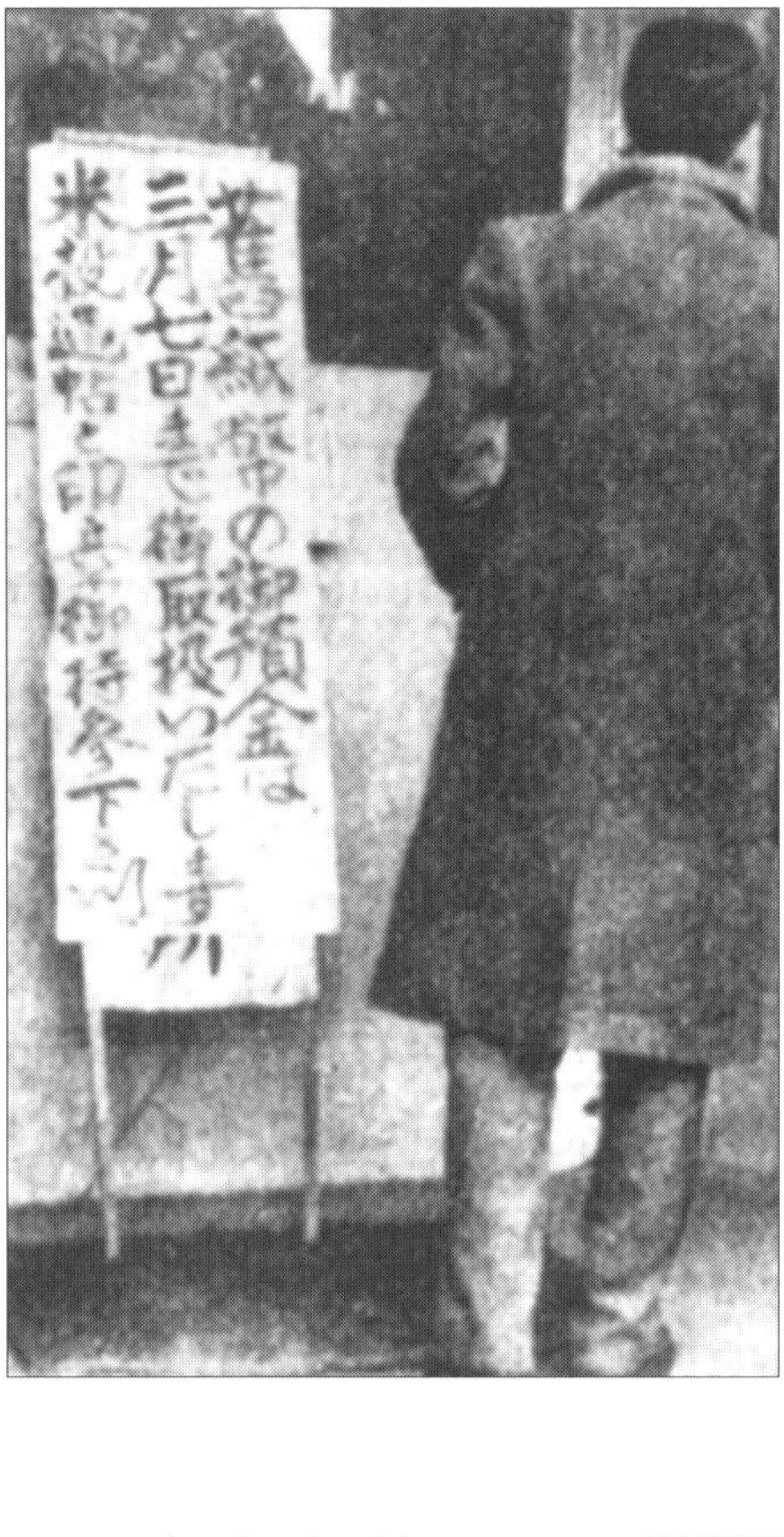

右：旧紙幣の交換を知らせる銀行の看板。「旧紙幣の御預金は三月七日まで御取扱いたします。米穀通帖と印章御持参下さい」と書いてある（日時不明）

突然の預金封鎖

戦後の日本は、激しいインフレーションにおちいった。その対策として当時の内閣が発表したのが、**預金封鎖**と**新円切り替え**である。そのため、１９４６年２月17日以降は預貯金が自由に払い戻しできなくなった。

封鎖された預貯金からは、新円で世帯主が月３００円、家族１人が各月１００円までしか引き出せなかった。

収入のあてがなく、それまでの預貯金を取り崩して生活している世帯では、満足な生活費を引き出せずに混乱を招いた。

上:「百円Ｓ券」と呼ばれた暫定紙幣。新円の印刷が間に合わなかったため、このように旧紙幣に証書を貼る形で一時的に使用していた
下:紙幣に証書を貼る銀行職員
上:銀行窓口でのお札の交換の様子(1946.2.2)

財産税の課税価格と税率

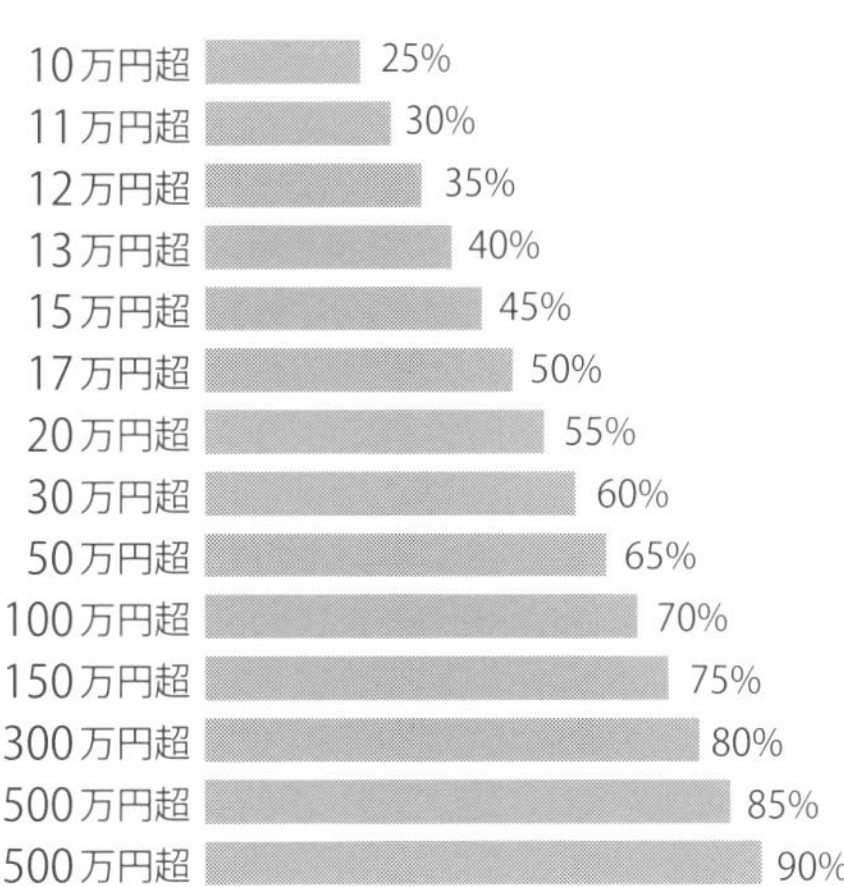

新しい紙幣の発行と旧札の廃止

同時に、5円以上の旧円は半月後の3月2日までしか使えないものとされ、新たに100円、10円、5円、1円の4種類の新円が発行された。

新円と旧円は1対1の比率で交換できたが、交換できるのは1人100円までで、残りの旧円は**強制的に預金させられた**。

そうしてすべての金を預金させたところで、政府が国民の資産を把握し、**財産税**を課す準備を整えたのだ。

銀行窓口には連日長蛇の列ができ、旧円で買い物をしようと店には人が殺到した。旧円は紙くず同然となるため、人々はあわてて使わざるを得なかった。

その結果、インフレは抑制されたが、国民の資産も失われてしまい、経済へダメージを与える形になったのである。

塗りつぶされた教科書とGHQの検閲

学校現場では教科書を塗りつぶす作業に追われた。一報、新聞にもGHQの検閲が始まった。

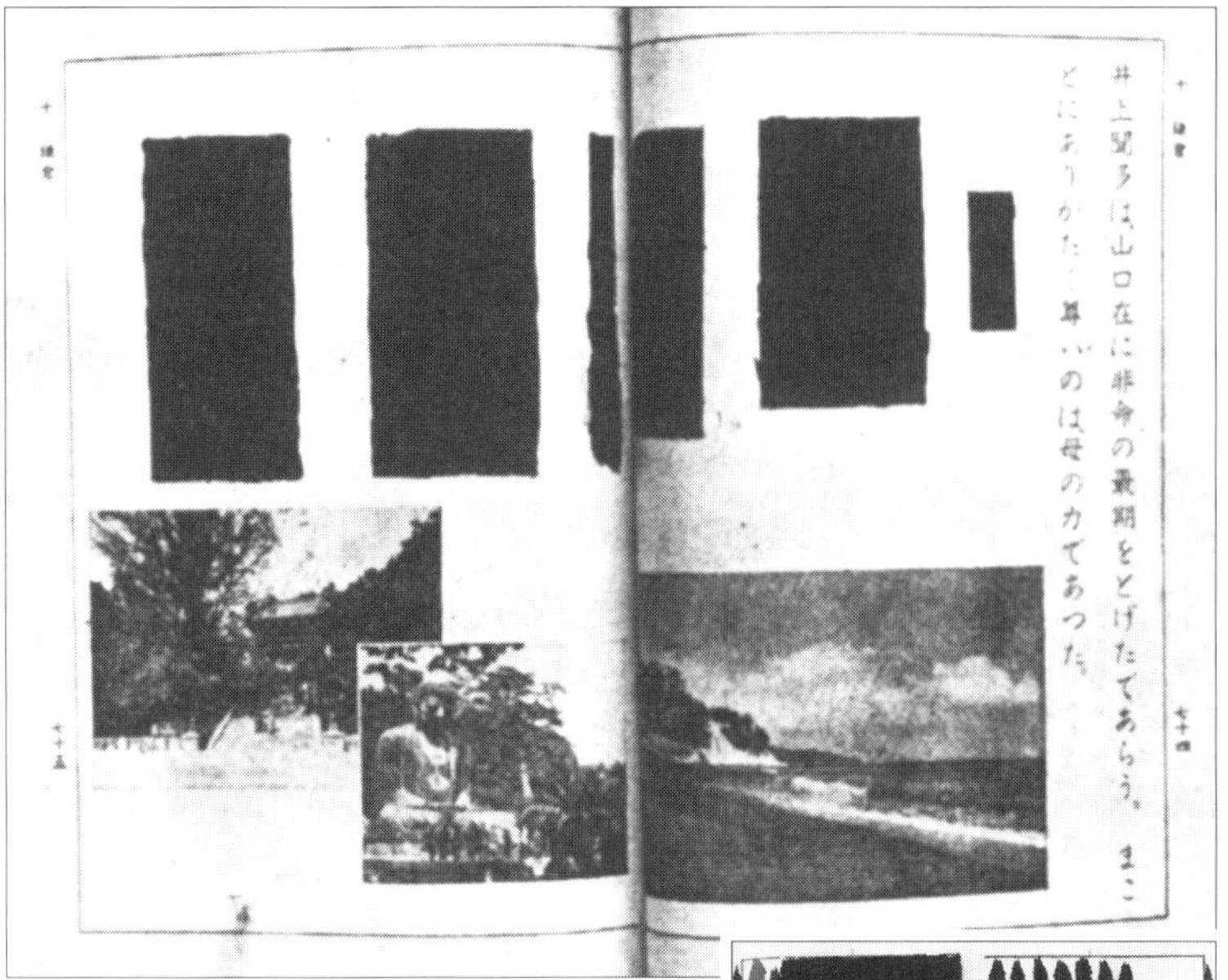

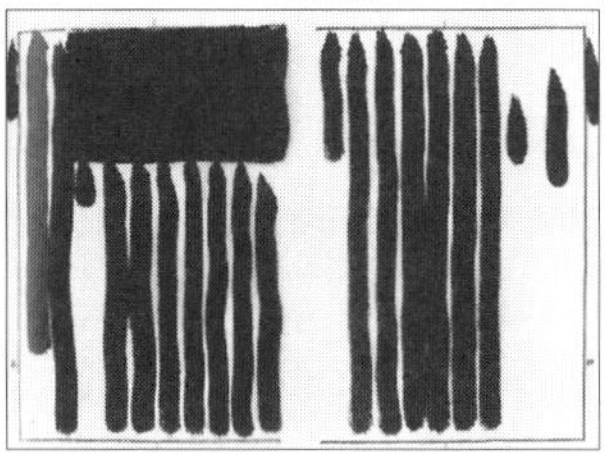

文章のほとんどを塗りつぶされた教科書。軍艦や軍用機といった戦争を連想させるような言葉が塗りつぶされた。ときには写真が塗りつぶされることもあった

教科書を子供たちが塗りつぶす

1945年9月、国民学校では、教科書を黒く塗りつぶすという作業が始まった。いわゆる「墨塗り教科書」である。

これは文部省がGHQから指令を受ける前に進めた教育改革のひとつで、軍国主義的な箇所を一掃し、平和国家の建設や科学的思考力を育てようとしたものである。

翌10月からは、GHQから次々と教育改革に関する指令や覚書が発せられ、続いて軍国主義者などを教育界から追放する指令も出された。

この影響により、学校現場ではしばらく混乱が続いた。

児童は、歴史と地理、修身の教科書を没収された。そのほかの教科書も、**天皇を崇める内容や軍国主義的とみなされた部分をすべて墨で塗りつぶさなくてはならなかった**。児童は該当する箇所を教師の指図に従って塗りつぶしていったのである。

中には泣きながら墨を塗る児童もいたが、まだ敗戦の意味を理解していない児童の多くがせっせと墨塗り作業を行ったのである。

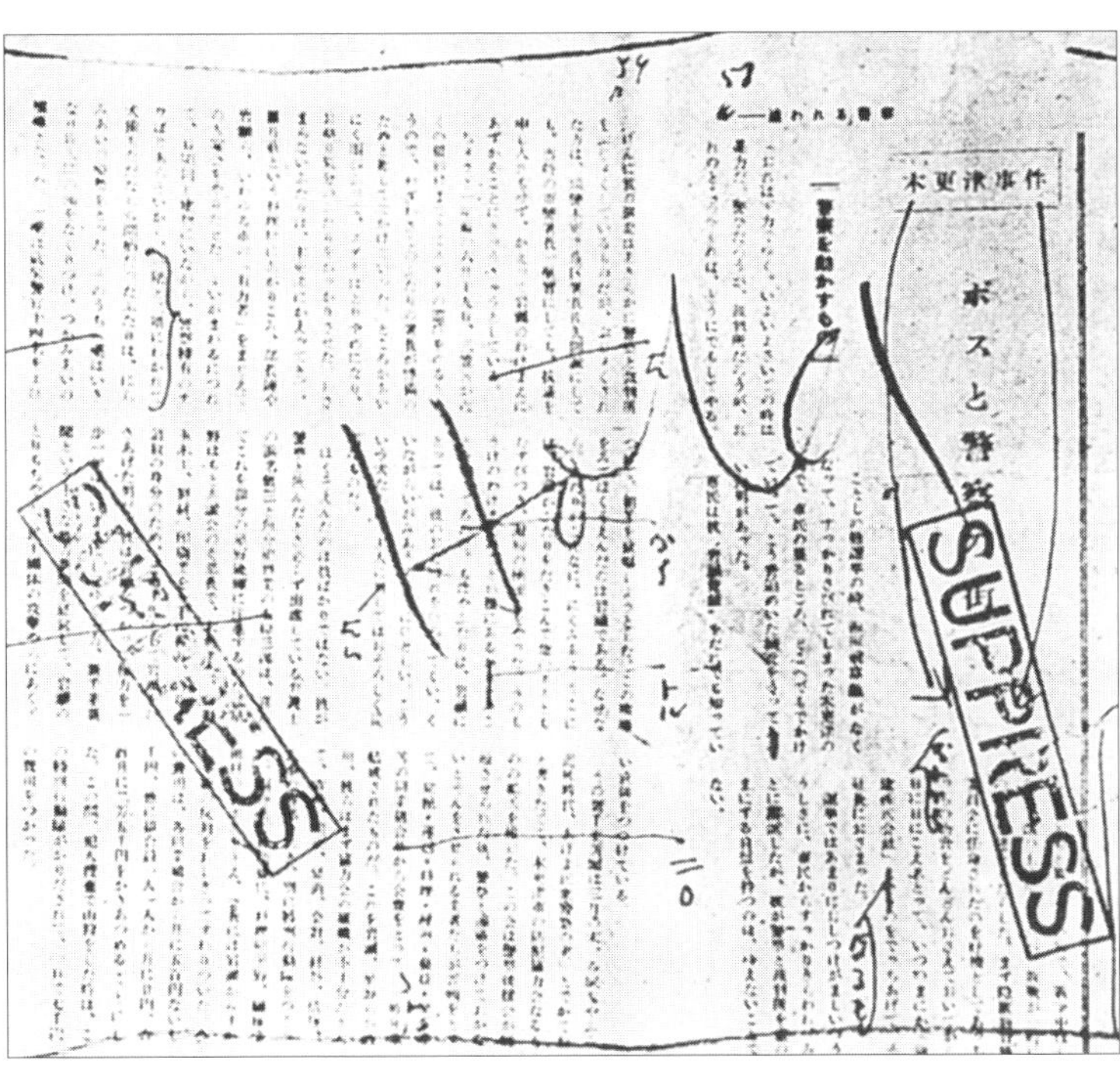

上:学校教科書の改訂作業の様子
左:事前検閲を受けた出版原稿。「Hold」は保留、「SUPPRESS」は全文禁止を意味する(『社会評論』1949.7月号)

社告

朝日新聞東京本社はマツクアーサー聯合軍司令官の命令により本月十五、十六、十七日附紙面掲載記事中マツクアーサー司令部指示の新聞紙法規方針第一項「真実に反し又は公安を害すべき事項を掲載せざること」に違反したものありとの理由によつて十八日午後四時より廿日午後四時まで新聞発行の停止を受けた、よつて十九日附および二十日附本紙は休刊の止むなきに至つたが、二十一日附は特に四頁に増頁して二日間における記録、経過を収録しました。右御諒承願ひます。

昭和二十年九月廿日

朝日新聞東京本社

検閲で発行禁止になった場合は、このような告知を出して休刊することになった(1945.9.20・朝日新聞)

君らは語る　渡辺　三

焼けのとりの
かたすみの影も
家々が
かばくずれて
われたまま。
☆
鉄骨はみ出た建物の
かたわらに
肩よせてそれら
風を避ける
☆
くずれかけた
石の階段のぼりつ
はるかに見るは
焼けただれた街。

一、わが國と交際のあった國々、およびその國とどんな交際をしたかについて研究しよう。そして年代表を作って、そのことが

GHQの検閲は、小学校の教科書に描かれた日本国旗(上)や、詩の内容(左)にまで及んだ

6年間続いた占領軍の検閲

黒塗り教科書は、日本政府が行った教育改革の一環という形をとっていた。

しかし、GHQによる直接的な検閲行為も、1945年9月12日に新聞各社への1通の通達により始まった。

連合国やその軍隊への「虚偽の批判や流言を取り締まる」という通達は、のちにプレスコードとして正式に発令された。

「虚偽の」となってはいるが、実際には日本政府によって**「進駐米軍の行動に関する記事は一切差し控えた方がよい」**という通達が出されていたため、新聞各社は沈黙せざるを得なかった。

この状況は1952年のサンフランシスコ平和条約の発効まで、6年以上にわたって続いたのである。

憲法改正をめぐる各国のかけひき

連合国軍の間では、天皇の逮捕や処罰を求める声が大きかった。しかし、マッカーサーはそうしなかった。

戦前

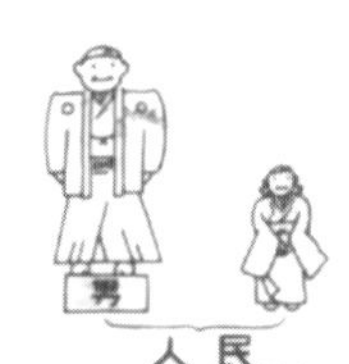

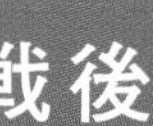

戦後

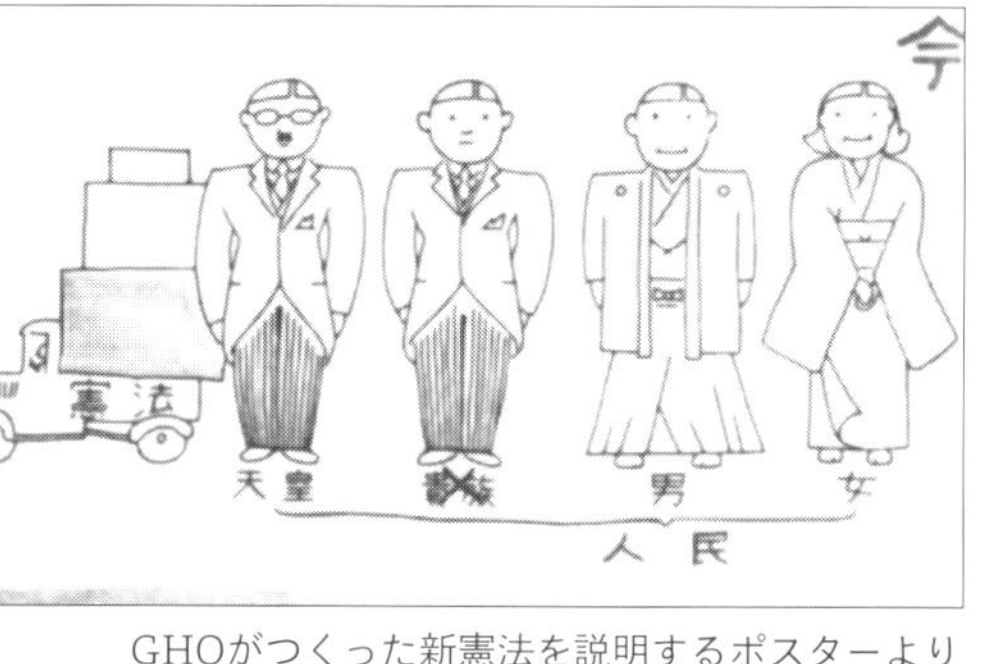

GHQがつくった新憲法を説明するポスターより

天皇を裁きたかった連合国

戦争の前後で、日本社会のありかたは大きく変わったが、**憲法改正**は象徴的な出来事のひとつだ。

天皇を頂点とする大日本帝国憲法から、人民はみな平等であり、**天皇は一切の政治的、軍事的力を持たない**という日本国憲法への転換である。

連合国の間では、日本の軍国主義をいかにして排除するかに関心が集まった。

とくにソ連やオーストラリアは、憲法を改正すると同時に天皇の戦争責任を強く問い、逮捕して処罰すべきだとする声も大きかった。アメリカの世論も天皇を処罰すべきだという意見が多数だったという。

これを押しとどめようとしたのがマッカーサーだ。

天皇との会見を終えたマッカーサーは、みずからの命をかけて日本国民の衣食住への配慮を訴える姿に感銘を受けたという。そして天皇を処罰しないという方針を決め、そのために必要なのは、連合各国を納得させる憲法の改正だと考えたのである。

新憲法成立までの経緯

朝日新聞
帝國憲法の改正
近衛公佐々木博士ら
早急に草案を作成
畏き大御心を奉
廣汎に大
人權確保に五大改革
憲法の自由主義化
嚴冬期對策にも警告

1945年10月13日の朝日新聞

1945年10月　マッカーサーが憲法改正を示唆

10月25日　憲法問題調査委員会の設置

1945年12月　日本占領の最高機関となる「極東委員会」発足

極東委員会	マッカーサー
アメリカ・イギリス・ソビエト連邦・中華民国・インド・フィリピン・オーストラリア・ニュージーランド・オランダ・フランス・カナダ・ビルマ・パキスタン	極東委員会が本格的に動き出す前に憲法改正を進める
天皇を戦犯として裁くことを希望	天皇制を残す

1946年2月1日　日本側の新憲法の草稿が毎日新聞に掲載される

毎日新聞
憲法改正調査會の試案
立憲君主主義を確立
國民に勤勞の權利義務

1946年2月1日の毎日新聞

2月3日　GHQによる草案の作成をマッカーサーが指示

2月8日　日本政府がGHQへ改正憲法の要綱を提出

2月13日　GHQが日本政府の要綱を拒否・GHQ草案を提示

2月22日　日本政府が閣議でGHQ草案の受け入れを決定

4月17日　日本政府が「日本国憲法草案」発表

1946年11月3日　新しい日本国憲法の公布

憲法公布を祝い皇居前に集まった人々と昭和天皇夫妻（1946.11.3）

天皇は日本国の象徴となる

新憲法公布の詔書にサインをする昭和天皇。この署名入り写真はマッカーサーに贈られた

日本側が折れた理由

当初、憲法改正案づくりは日本側に任されていた。しかしその案は表現を変えただけで、天皇の地位や権限が大日本帝国憲法と本質的に変わらないものになっていた。

そこでマッカーサーは、腹心の部下だったGHQ民政局長のホイットニーを通じて、日本案を却下してGHQが用意した「日本国憲法」を日本政府に手渡したのである。

当初、抵抗を示していた日本政府だが、「この草案を受け入れなければ、**天皇の処罰や天皇制を廃止するという圧力を防ぎきれない**」というマッカーサーの意見を受け、受け入れることを決定した。

こうして、GHQの草案をもとにした日本国憲法が作られ、今日まで続いているのである。

進駐軍の戦車を出動させた東宝争議

戦後の労働環境の改善は人々にとって良い変化ではあったが、それにともなう混乱も多かった。

各地で発生したデモやストライキ

戦後、GHQは「日本の労働者を搾取と酷使から防衛し、生活水準を向上させるために労働組合を促進する」として、労働運動に寛大だった。

そのため、終戦直後にはゼロだった労働組合が急増し、全国の労働組合員数は3年間で約670万人にまでふくれあがる。

そして、それらが組織化されていくと、労働争議やデモ、ストライキがあらゆる産業に広がり、各地で頻発するようになっていく。

なかでも代表的なのが「東宝争議」で、映画制作会社の東宝で1946～1948年に起こった数度にわたる**労働争議**である。

東宝では、1945年12月に東宝従業員組合が結成されると、翌年3月末から第1次東宝争議が、そして10月から第2次東宝争議が起こった。

その結果、組合の意見を作品の企画に反映できるようになったのである。

だが、その後も第3次東宝争議が続いたため、東宝は経営不振におちいる。

右：デモに参加する東宝のスターたち（1948.5）
下：国会議事堂前で行われた炭鉱労働者の集会の様子。全国から5000人の労働者が集まり、運輸省や商工省にも押し寄せた（1946.4.12）

撮影所に出動した進駐軍。バリケードの上に掲げられた看板には「御存知でせうね！日本労働組合十六原則」などと書かれている(1949.8.19)

撮影所に武装警官や戦車が殺到する

組合の経営権の拡大に危機感を覚えた会社側は、組合の弱体化をねらって全社で約１４００人の**人員整理**をはかる。

１９４８年６月に、会社側が東宝砧撮影所の閉鎖を宣言すると、解雇を拒否した映画監督や俳優、演出家ら労働組合員が８月に同撮影所を占拠し、**バリケードを張って籠城する**という騒動に発展する。すると、８月19日の早朝、同撮影所に通じる８ヵ所の道路が封鎖された。

まもなく騎兵銃を持った占領軍のミリタリーポリスや、一個分隊のアメリカ兵が撮影所に現れ、装甲車と戦車が何台も到着した。空には偵察機が飛びまわり、警視庁からも約２０００人の武装警官が押し寄せる大騒動に発展したのだ。

それまで労働運動に寛容だったＧＨＱが介入してきたのは、これ以上は共産党の勢力を拡大させないという意思表示でもあったのだ。

この事態に、労働組合側もとうとう撮影所から退去せざるを得なくなった。

「来なかったのは軍艦だけ」といわれるほどの大闘争となったこの第３次東宝争議は、組合側の敗北で幕を閉じた。

撮影所に突入する警官たち(1949.8.19)

鉄道にまつわる3つの怪事件

国鉄という巨大企業にまつわる謎の多い事件は、労働問題と絡み合い、さまざまな憶測を呼んだ。

下山事件の現場検証の様子。手前は下山総裁の棺（1949.7.6）

遺体で見つかった国鉄の総裁

現在のＪＲはかつて国によって運営され、「国鉄」と呼ばれていた。その国鉄総裁の下山定則が轢死体として発見されたのは、１９４９年７月６日のことだった。

国鉄常磐線の北千住と綾瀬の間で無残に轢断されたバラバラ死体となって見つかったのだ。

当然、周囲の人間による証言や物証などの捜査がすすめられたが、下山の死は、**自殺なのか他殺なのか、判然としなかった。**

真相が不明な理由のひとつは、政治が絡んでいたことだ。

当時の政権は、大量の公務員の人員整理をする方針を打ち出していた。なかでも国鉄は、職員10万人の大量辞職を迫られていたのだ。

下山が消息を絶つ前日に国鉄は３万７００人の第１次解雇者リストを発表したが、これに抗議した労働組合側がストライキ闘争に持ち込もうとしている矢先の事件だった。

下山は、行方不明になった当日には、残りの人員整理について報告するためＧＨＱに行く予定だった。

連続して起きた脱線事件

追い討ちをかけるように、事件からわずか9日後の7月15日の夜、また国鉄関連の大事件が起こる。

中央線三鷹車庫から突然、無人電車が動き出して、三鷹駅の下り1番線に突っ込み、脱線して転覆するという事故を起こしたのである。

この事故で、駅や駅前にいた人たち6人が死亡し、多数の負傷者を出した。

その3日前にあたる12日に6万3000人の第2次解雇者リストが発表され、国鉄と労働組合側の対立が一層深刻化していた時のことだった。

さらに8月17日には「松川事件」が起きる。

東北本線の旅客列車が、松川から金谷川の間で突然、脱線転覆したのである。この事故では機関士と機関助士ら3人が死亡した。事故の原因は、レールの犬釘が抜かれていたことで、相次ぐ不穏な事故に世間は騒然となった。

間を置かずに起こったこれらの事件は、まとめて**「国鉄三大事件」**と呼ばれた。

三鷹事件では無人の列車が三鷹駅前の建物に突っ込んだ（1949.7.16）

松川事件では３人の死者が出た（1949.8.17）

三大事件以外の脱線事故

1948.4.27 庭坂事件	奥羽線赤岩 - 庭坂間 機関車・郵便車が脱線・転落 ボルト・犬釘等の抜き取り 死者３人・未解決
1949.5.9 予讃線事件	予讃線浅海 - 伊予北条間 機関車の転覆 ボルト・犬釘等の抜き取り 死者３人・未解決

どれも未解決のまま終わる

この国鉄三大事件は、結局どれも解決に至らなかった。下山事件については、いまだに自殺か他殺かも謎だ。

三鷹事件では、国鉄労働組合員の共産党員9人と、非共産党員で三鷹電車区の検査係だった竹内景助が逮捕・起訴されたが、のちに竹内の単独犯行だとして竹内が無期懲役、残る9人は無罪とされている。

しかし、竹内は1967年に東京拘置所で病死するまで無罪を主張し続けていた。

また、松川事件も国鉄と東芝の労働組合員の共同謀議だとして20人が逮捕・起訴されたが、事件から14年後に全員の無罪が確定した。

終戦後の混乱期に起きた事件は、謎をはらんだまま語り継がれているのである。

解体された巨大財閥と続々生まれる新しい企業

GHQの意向によって旧来の勢力が弱体化し、新しいエネルギーが育っていくことになる。

帝国銀行の地下に保管されていた三井財閥の証券類が持株会社整理委員会に押収されるところ（1946.10）

日本の資本の3分の1を占めていた財閥

戦後、日本の経済を民主化するための措置のひとつとしてGHQが掲げたのが**財閥解体**だ。

財閥とは、同族が独占的に出資している親会社を通じて、その傘下の子会社を支配し、多角的な経営をしている企業集団のことである。

戦前の日本では、この財閥が経済を支配していた。たとえば、終戦時には、三井、三菱、住友の3財閥の資本金の合計だけで、日本全体の資本の2割を超えていたという。

これに安田などを加えた10財閥を合計すると、日本の資本の3分の1以上が財閥に集中していたというのだから、どれだけ財閥が力を持っていたかがわかるだろう。

しかし戦後、GHQの支配が始まると、**財閥は戦争に積極的に協力した好戦的な存在**とみなされて、弱体化が進められることになる。

具体的には、親会社である本社を解体してトップを牛耳る財閥一族を追放し、株式を分散化して経済力が集中しない措置などがとられたのだ。

新しい企業の台頭

東京通信工業株式会社
（現：ソニーグループ株式会社）

1946

井深大・盛田昭夫によって創業
資本金：19万円
従業員：約20名

（写真提供：ソニーグループ株式会社）

1950

日本初のテープレコーダーG型を発売

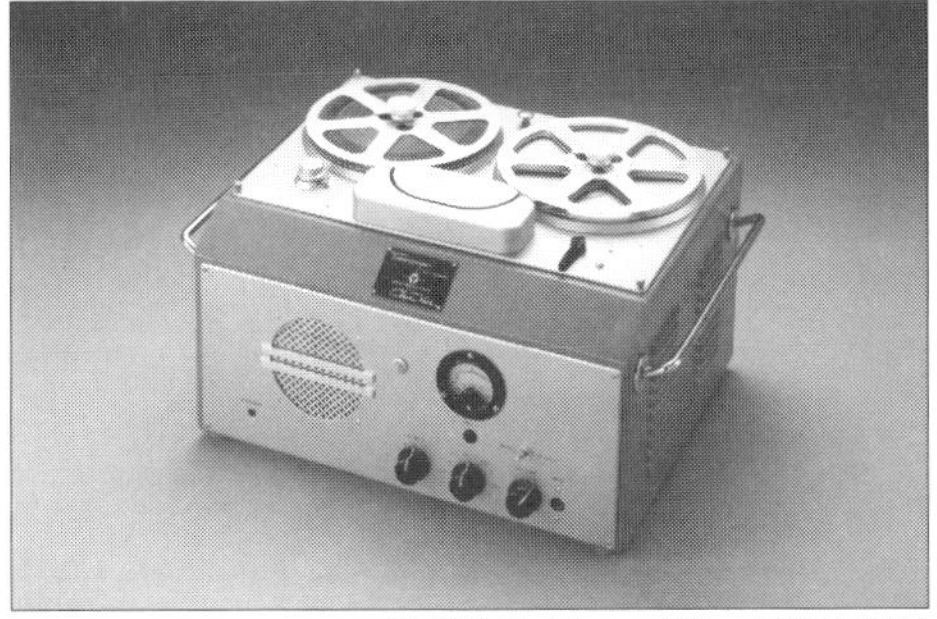
（写真提供：ソニーグループ株式会社）

1955　日本初のトランジスタラジオ「TR-55」発売
1960　アメリカに現地法人を設立

アメリカ軍による株券差し押さえの様子（1946.10）

当初はどの財閥も「自分たちは軍部に無理やり協力させられただけの戦争被害者だ」という意識が強かったようだ。だが、GHQは頑として譲らなかった。

1946年8月に持株会社整理委員会が設立されると、83社が指定され、解散や株式の処分が進められた。

解体を推し進めたGHQのクレーマー経済科学局長は、三井の首脳に対して窓の外の戦災者たちを見せ、「三井家に一般の難民以上の生活はさせない」と豪語したという。それだけ財閥家族と庶民の生活には大きな隔たりがあり、財閥が戦争で不当に巨額な利得を得たとGHQは考えていたのだろう。

続々生まれる新しい企業

財閥が解体される一方、中小や新興の企業が次々と誕生して、活気をみせた。財閥家族の追放などにより経営者が若返ったことで、経済活動の勢いが増し、そのエネルギーが1954年から約20年続く高度経済成長の礎ともなっていった。

この戦後まもない時期に、ソニーの前身である東京通信工業が創業した。そしてその後オーディオ関係で次々と製品を発売し、現代に続く「ものづくり日本」の幕が上がったのである。

皇族に対する厳しい対応

皇族で唯一、戦争犯罪人として罪に問われた梨本宮が巣鴨拘置所から釈放されたところ（1946.3）（写真提供:毎日新聞社）

特権を廃止される

戦後の混乱は庶民だけでなく、皇族をも飲み込んでいった。

終戦の時点では、皇族には国から多額の歳費が支給されており、山林や株券といった所有財産からの収入も多く、財産上の特権に恵まれていた。

ところが、GHQの占領下では皇族の財産上の特権は停止されることになったため、歳費の支給は止められ、多額の財産税まで課せられることになったのである。

税率90％の財産税を課せられる

この財産税は、資産が多いほど税率が高くなる。

1500万円を超える資産を所有する世帯に対する税率はなんと90％で、皇族や華族など戦前からの富裕層は莫大な税金を搾り取られることになった。

たとえば、梨本宮家では巨額の納税をするために、河口湖畔や熱海伊豆山の別荘を処分したのをはじめ、東京・青山の広大な本邸を切り売りした。

これこそがGHQの狙いであった。財産税によって、皇族の一員である宮家を経済的に困窮させ、臣籍降下させることがGHQの思惑だったのである。

結果として、多大な税金を課せられて逼迫した宮家は次々と土地などの財産を手放していき、11の宮家が皇籍を離脱することになったのだ。

皇籍を離れて一般市民となった皇族の中には、東久邇宮家に嫁がれた昭和天皇の第一皇女の成子内親王もいたが、財産のほとんどがなくなったため、内職をして生計を立て、配給品をもらうために庶民と一緒に街角に並んだといわれている。

5章

立ち上がる人々

復活した祭を楽しむ人々

青空の下で行われた集団お見合いと学校授業

平和な時代が始まったことで、人々は前向きにパートナー探しや知識の吸収を楽しむようになる。

多摩川べりでのお見合いの様子（1947.11.6）

お見合いブーム後に訪れたベビーブーム

終戦後、人々は結婚相手を探す余裕もない状況だった。

戦争で夫を亡くした未亡人や、青春時代を戦時下で過ごした若い女性、無事戦地から帰ってきたにもかかわらず婚期を逃してしまった男たちがあふれていた。この状況をなんとかしようと始まったのが**集団お見合い会**である。

この会が初めて開かれたのは、１９４７年11月6日だ。結婚紹介雑誌『希望』の発行元である希望社が、適齢期の男女を対象にした集団お見合い会を開催したのである。

会場となった東京の多摩川河畔には３８６人の男女が集まった。年齢は20歳から50歳までで、男性の人数は女性の2倍だったという。

この会によって多くのカップルが誕生したことで、集団お見合い会は全国各地で開催されるようになった。

お見合い会の流行後、１９４９年をピークとした**第1次ベビーブーム**が到来したことが、お見合い会の成果を如実に物語っているといえるだろう。

上：1948年４月、多摩川の河原に集まった男女。この時の参加者は約3400人だった

左：広島での青空教室の様子

青空の下で学ぶ子供たち

空き地にイスを並べ、そこに座って本を開き、先生の声に耳を傾ける子供たち。これは戦後に野外で行われた **「青空教室」** の様子である。

日本の大都市部は、アメリカ軍による空襲で焼け野原になり、多くの校舎も消失した。

そこで、授業を継続するための策として、野外での授業が開かれたのだ。終戦からわずか1ヵ月後のことだった。

青空教室の目的は、単に授業を再開することだけではなかった。戦争によって両親を失った子供の数は全国で12万人以上にのぼっており、その**子供たちの居場所**をつくるためにも学校が必要だったのだ。

校舎が復旧するまでの数年間、全国でこのような学校生活が見られた。

終戦2ヵ月後に発売された宝くじ

終戦から2年後に賞金100万円の大台に乗った宝くじは大ブームが起こった。

戦争と宝くじ

1945年7月　史上初の宝くじ「勝札」発行

1枚10円
1等賞金　10万円
※抽せん日の前に終戦を迎える

1945年10月　戦後初の「寶籤」発行

1枚10円
1等賞金　10万円
副賞
キャラコ2反（70cm程度）
空くじ4枚でタバコ10本と交換

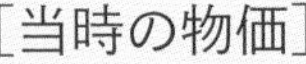
[当時の物価]
大卒銀行員の初任給　約80円
白米1升のヤミ価格　70円

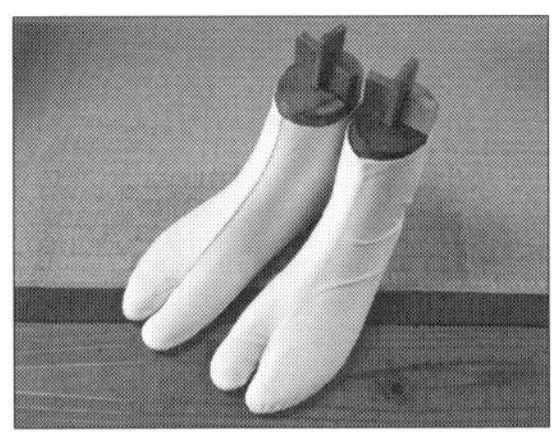
キャラコでつくられた足袋
(@Asturio Cantabrio/CC4.0)

右上：競馬くじ
右下：野球くじ
上：三角くじ

戦後初の宝くじ

「一等十萬円が……百本當る！」というキャッチフレーズで、1945年10月、戦後初の宝くじが発売された。

漢字で「寶籤」と書かれていることから「漢字くじ」とも呼ばれた宝くじは、ニセモノが出回るほどの人気だった。

また、副賞のキャラコというのが、物資不足だった世相を反映している。物資はまだ庶民には十分に行き渡っておらず、衣服は古い毛布やカーテン、着物などをほどいて作る人が多かったのである。

上:100万円くじの発売初日の様子(1947)
左:100万円宝くじ抽せん会(1947.12.24)

宝くじの景品となった家。張り紙に「景品住宅」「この家あげます」と書いてある(1950.12)

1947年の賞金は100万円

1946年の法改正によって政府以外もくじを販売できるようになり、野球くじ、三角くじなど、さまざまなくじが発売される**くじブーム**が起きた。12月には復興宝くじを福井県が発売し、地方くじ第1号となった。

その後は徐々に賞金が値上がりしていき、副賞も豪華になっていく。

1947年に日本勧業銀行が発売した宝くじの特等賞金は100万円の大台に乗り、**「100万円くじの誕生」**としてこの年の10大ニュースにも取り上げられた。

1948年には東京都の復興宝くじに、賞金とは別に住宅1軒というものも登場した。これも住宅不足にあえぐ都民がこぞって買い求めたという。

人々が夢中になった「食べる」という娯楽

食糧不足が改善されると、人々は食を楽しむ生活を取り戻していく。

大阪に復活した喫茶店の様子（1947.８）

空腹を満たすことから食を楽しむ生活へ

終戦直後は食糧が不足していたが、状況は少しずつ改善していく。空腹を満たすので精一杯という状態から、**食を楽しむ生活**を取り戻していくのだ。

進駐軍が放出した小麦粉で焼いたコッペパンが全国の児童に配布されたり、特別配給という形でリンゴや肉の缶詰、クラッカー、チョコレートなどが配られることもあった。

放出品の中にあったチューインガムの影響でガムが流行したり、やはり放出品のココアを原料にしたココアキャラメルが販売されるなど、嗜好品（しこうひん）を楽しむ余裕も出てきたのである。

配給制だった酒、みそ、砂糖、小麦粉、イモ類、コーヒー豆なども次々に自由販売になっていった。

戦前はモダンな場所として人気があった**喫茶店**も、戦争中は物資不足で経営は成り立たなくなっていたが、アメリカ軍の放出品である「ＧＩコーヒー」を利用して、１９４７年頃から復活している。その後喫茶店の数は、１９５３年には６５００軒にまで増えた。

外食食堂以外の料飲店は飲食営業緊急措置令によって禁止されていた。その時期でも裏口営業をする店はあったが、見つかれば検挙をまぬがれなかった（1948.2）

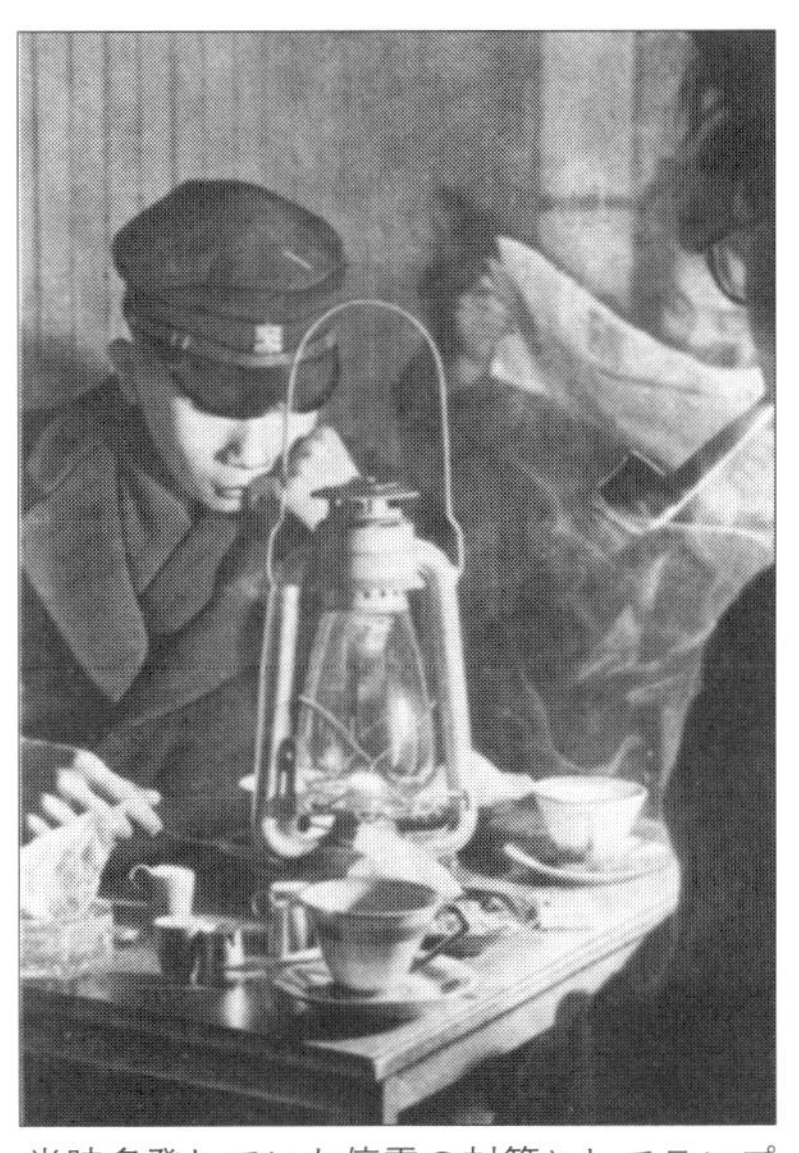
当時多発していた停電の対策としてランプを用意する喫茶店もあった（1948.1）

左：再開したビヤホールで楽しむ人々（1949）
上：盗難防止のため、席のそばに自転車が置ける店もあった（1949.6）

ビヤホールの復活

アルコール事情も少しずつ改善していった。

1899年に初登場して以来盛況だった**ビヤホール**は、戦争の影響でほとんどが閉店を余儀なくされていたが、1949年6月には復活し、東京都内では21ヵ所が営業を開始した。

ビールの値段は1杯150円程度で、1杯50円のカストリ酒に比べるとまだかなり高価だった。

1950年には安価なウイスキーのトリスを専門に出すバーが東京の池袋と大阪の北区に開店した。のちに、大衆酒場として大流行したトリスバーのはしりである。

喫茶店やビヤホールは、庶民のささやかな楽しみの場である。その復活は、日本の社会が社交などの楽しみに目を向ける余裕ができたことの表れともいえるだろう。

カストリ雑誌や映画に殺到した人々

言論出版の自由化で、空前の出版ブームが到来した。人気小説は映画化され、さらに人気が高まった。

警視庁に押収されたカストリ雑誌の数々。
『夫婦生活』(夫婦生活社・1949.6.1発行)
『猟奇』2号(茜書房・1946.2.5発行)
『性文化』(畝傍書房・1946.4.18発行)
『猟奇』2号は戦後初の発禁処分本となった

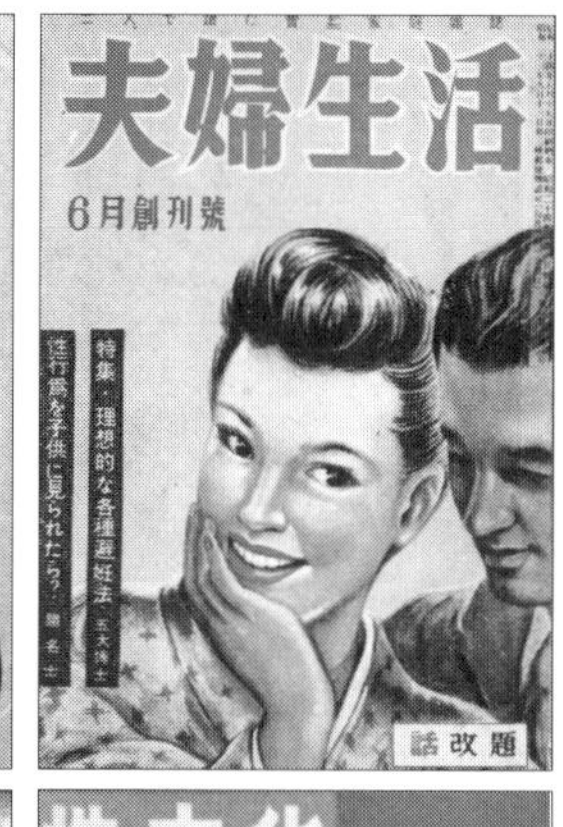

犯罪実話 男湯へ入る変態美女
深谷初太郎

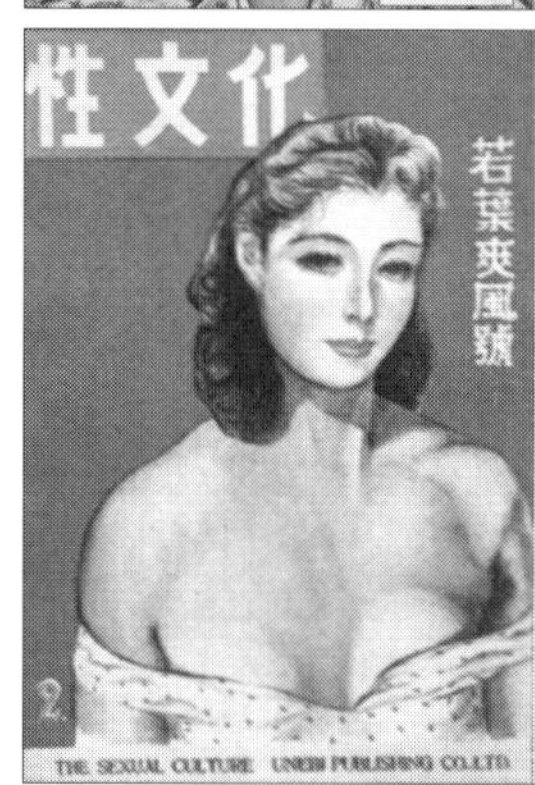

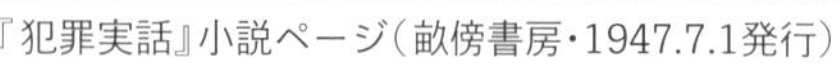
『犯罪実話』小説ページ(畝傍書房・1947.7.1発行)

娯楽として読まれたカストリ雑誌

戦中は文化的な活動が抑圧されていたが、戦争が終わると、大衆の文化的欲求はしだいに息を吹き返してきた。

なかでも、戦後次々に創刊されては消えていった大衆向け娯楽雑誌の代表格である**カストリ雑誌**は街角で売られて大人気となった。

『真相』『変態集』『狂艶』など、扇情的なタイトルの雑誌が次々に創刊されたが、あまりに競合が多かったために3号発行できればいいほうで、1号出してはつぶれる雑誌も多かった。

「3号出せばつぶれてしまう」という状況から、当時流行していた「3合飲めばつぶれる」という密造酒のカストリ酒になぞらえて、「カストリ雑誌」と呼ばれたのである。

豊かな胸を露出した女性などのイラストの表紙に彩られ、エロ・グロ・犯罪・ナンセンス記事などを中心に扱うカストリ雑誌の人気は高かった。

カストリ雑誌は3、4年で姿を消したが、実話系・エロ・グロなどジャンルを分けた形で継承されていった。

左：接吻映画として話題になった『はたちの青春』
右：1947年に発表された田村泰次郎著『肉体の門』は、小説だけでなく、翌年8月に公開された映画もヒットした。これは映画のポスター（東宝）

「リンゴの唄」の楽譜

『そよかぜ』『ユーコンの叫び』を見るために列をつくる人々。『そよかぜ』の主演を務めた並木路子の歌う主題歌「リンゴの唄」もヒットした（1945.12）

花開いた映画産業

戦禍によって建物が傷つき、イスが足りなくても、映画館には多くの人が集まった。

戦後の日本映画の第1作は、1945年10月に公開された松竹製作の『そよかぜ』だ。戦前に輸入されお蔵入りになっていたアメリカ映画『ユーコンの叫び』も12月に公開され、**映画館の扉が閉まらないほどの満員状態**という人気ぶりだった。

戦後の映画産業は、**GHQの管理下**にあった。映画を、日本に民主主義を啓蒙するための重要なツールと位置づけていたためである。

戦前の日本映画の中では、キスシーンどころか手をつなぐ場面もなかった。しかしGHQによる検閲が始まると、個人の自由意思に基づく恋愛描写にはキスシーンが不可欠という方針が打ち出された。

そして、日本の人々はそれを楽しんだ。たとえば2度のキスシーンが入れられた『はたちの青春』という映画は、「接吻（せっぷん）映画」として大評判になったという。

日本を勇気づけたスターたち

スポーツ会や学問の世界で、日本は再び国際社会に戻った。

古橋廣之進。日本は国際水泳連盟から除名されていたため、古橋の全日本選手権での記録は公認記録にならなかったが、総理大臣杯を受賞した

古橋の記録とオリンピック記録

	400m自由形	1500m自由形
古橋廣之進	4分33秒4	18分37秒0
オリンピック	4分41秒0 (ウィリアム・スミス/USA)	19分18秒5 (ジェームズ・マクレーン/USA)

オリンピック記録を大幅に上回った古橋

１９４８年、第2次世界大戦後初となるオリンピックがイギリスのロンドンで開催された。ところが、敗戦国である日本のロンドンオリンピックへの参加は認められなかったのだ。日本はあらためて敗戦という現実を突きつけられた。

しかしこの一件が、「フジヤマのトビウオ」とたたえられた**古橋廣之進**（ひろのしん）の名を世界に響かせる布石になったともいえる。

古橋はロンドンオリンピックの決勝と同日・同時刻に開催された全日本選手権で、４００メートル自由形と１５００メートル自由形で、オリンピック優勝記録を上回る**世界新記録**をマークしたのだ。試合を実況中継するラジオで古橋の快挙が流れると、人々は喜んだという。

アメリカのマスコミも「フライングフィッシュ・オブ・フジヤマ」とその活躍をたたえた。

さらに１９４９年、出場が認められた全米水上選手権でも、古橋は世界新記録を樹立した。

生涯で世界記録を33回も塗り替えた古橋は、戦後うつむきがちな日本人の希望の光だった。

ノーベル物理学賞を受賞した湯川秀樹

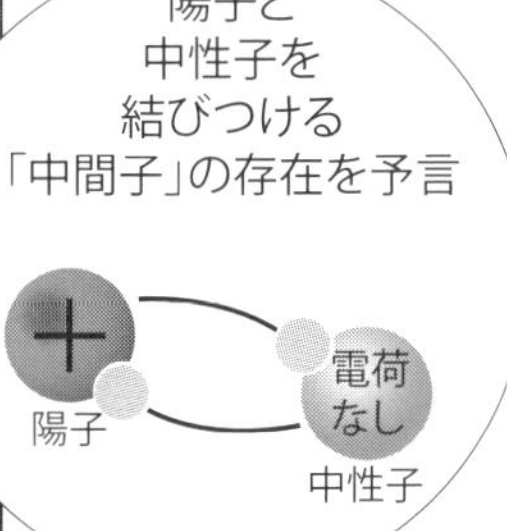

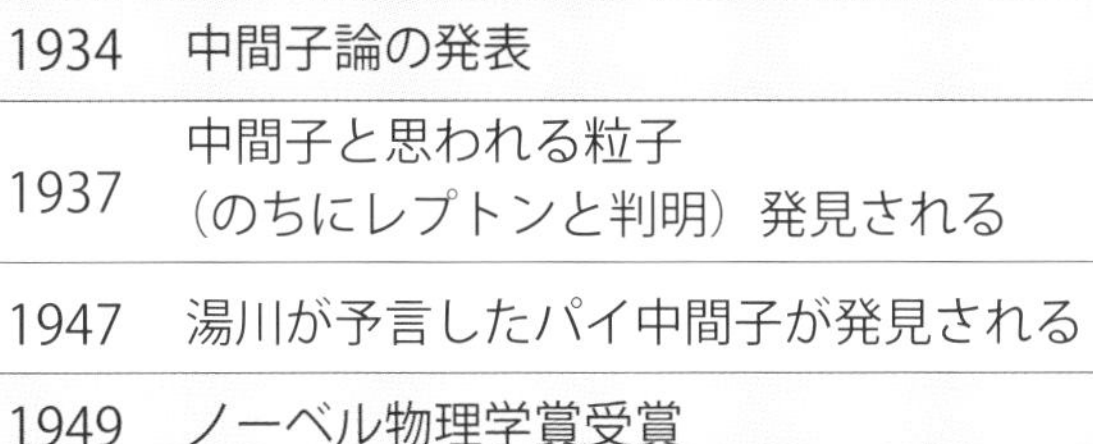

ノーベル賞受賞までの経緯

1934	中間子論の発表
1937	中間子と思われる粒子（のちにレプトンと判明）発見される
1947	湯川が予言したパイ中間子が発見される
1949	ノーベル物理学賞受賞

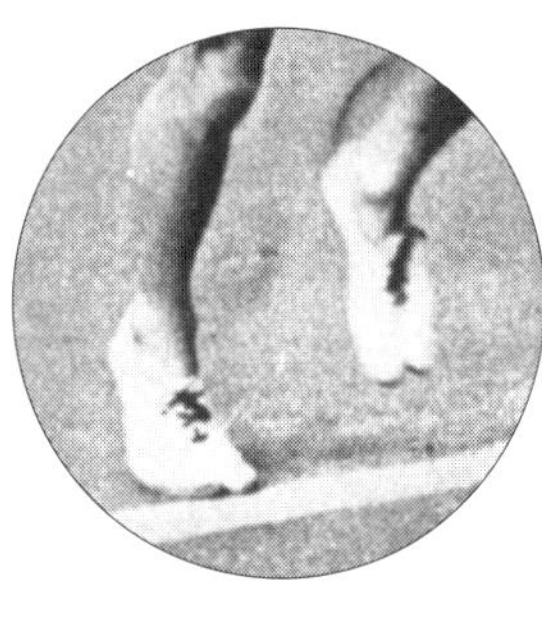
上：ボストンマラソンでトップでゴールする田中
左：田中が使用した足袋。これを見た現地の記者は「日本人は指が２本しかないのか」とゴール後に足袋を脱がせ、５本の指を確かめてほっとしたという

マラソン大会歴代3位の記録を出した田中

古橋同様にスポーツ界から日本に明るい話題を届けたのが、1951年のボストンマラソンに日本人として初出場した**田中茂樹**だった。

彼はアウェーともいえるアメリカの、1897年以来の歴史を持つ世界最古の市民マラソンであるボストンマラソンで、当時の大会歴代3位という好記録で優勝したのだ。

レース中に田中が**足袋**（たび）を履いていたことも日本人を喜ばせた。マラソン用に底をゴム敷きにした運動用の足袋で勝負を挑んでいたのである。

田中の優勝は、彼が広島県出身だったこともあって「原爆を生き残ったアトムボーイの快挙」として大きく報じられた。

このときの大会では、他に3人の日本人も入賞している。

日本人初のノーベル賞受賞者となった湯川

戦後の日本人の偉業はスポーツ界だけにとどまらなかった。1949年には、物理学者の**湯川秀樹博士**に**日本人初のノーベル賞**が授与されるというニュースが報じられたのである。

新聞各紙は号外を出して「万歳！」とその功績をたたえ、当時は博士にちなんだ「秀樹」という名前を子供につける親が相次いだという熱狂ぶりだった。

相次いで各界に現れたスターの存在によって、日本人は笑顔を取り戻したと言ってもいいだろう。

そうして日本は、再び国際社会の一員となるべく歩み始めたのだ。

独立国としての再出発

1952年、連合国による7年間の占領が終わり、日本は国際社会に復帰した。

サンフランシスコ講和会議で演説を行う吉田茂

国連のポールに掲げられた日の丸（1945.9）

国際社会への復帰

1952年4月28日、約7年間にわたった連合国による日本占領が終わった。

前年の9月8日にアメリカのサンフランシスコで交戦国と結んだ**平和条約**が発効され、日本は国際社会に復帰したのだ。

9月4日から行われた講和会議では、おもに日本の主権回復や日本への賠償金の請求、領土の規定などについて確認が行われた。

この条約に日本を含む49カ国が署名し、サンフランシスコ講和会議は閉幕した。

讀賣新聞
THE YOMIURI SHIMBUN
9月9日

講和條約調印終る

署名四十九ヶ國

新生日本へ拍手やまず

時に三時三十四分

感動抑えきれぬ吉田さん

安保條約もけさ調印

自由諸国の勝利

左:アメリカの日本大使館には開戦以来、久々に国旗が掲げられた／右:9月9日の読売新聞

サンフランシスコ講和会議

第２次世界大戦で日本に宣戦布告した

52カ国が出席

・ソ連
・チェコスロバキア
・ポーランド
は講和条約に調印せず

同じ共産主義国である中国が内戦の混乱で会議に招請されなかったため

二国間交渉による賠償（単位:億円）

国　名	調印年	賠　償	無償経済協力
ビルマ	1955	720	612
フィリピン	1956	1,980	96
インドネシア	1958	803.088	636.876
南ベトナム	1959	140.4	—
韓国	1965	—	1,080
マレーシア	1967	—	29.4
シンガポール	1967	—	29.4
その他の国も合わせた総計		**3,643.488**	**2,539.417**

（『昭和財政史』および外務省「賠償並びに戦後処理の一環としてなされた経済協力及び支払い等」より）

西側陣営として歩み出す

サンフランシスコ講和会議を見ていた日本国内では、**独立の回復**を祝う声でわいた。

だが、調印したのが西側諸国だけという片面講和で、共産圏の東側諸国が含まれていなかったことを社会党などが批判した。

また、領土に関しては、日本は朝鮮の独立を承認して済州島と巨文島、鬱陵島を放棄すること、さらに台湾と澎湖諸島、南樺太と千島列島を放棄することが確認され、沖縄と奄美、小笠原諸島はアメリカの統治下に置かれることになった。

さらに、サンフランシスコ平和条約の調印当日に、当時の吉田茂首相が**日米安保条約**に調印したことで、日本は冷戦における西側陣営に組み込まれ、アメリカの同盟国として以後の道を歩んでいくことになるのである。

ゼロ戦技術から生まれた現代科学技術

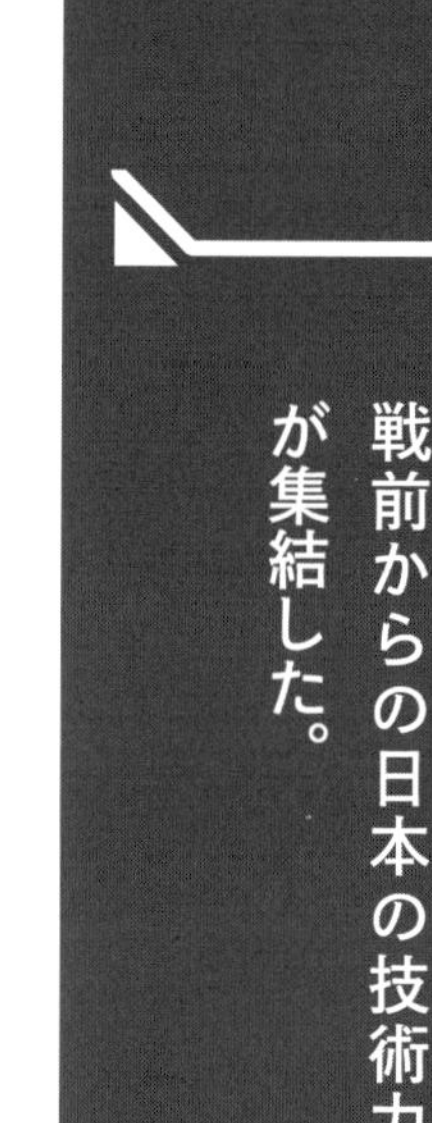

東海道新幹線の開発には、戦前からの日本の技術力が集結した。

東京駅で行われた東海道新幹線の開業式(1964.10)(写真提供:時事)

新幹線開発のために集まったゼロ戦技術者

第2次世界大戦において、もっとも有名な日本軍の兵器がゼロ戦である。

ゼロ戦の技術は戦後の日本でも重要な役割を果たした。そのうちのひとつが、新幹線の開発である。

新幹線の開発は、戦前の高速鉄道計画にまでさかのぼる。

1940年に東海道本線と山陽本線の高速列車運行が議会で承認された。

しかし「弾丸列車計画」と呼ばれたこの計画は、戦争により頓挫することとなった。

終戦後、それを復活させたのが当時の国鉄総裁だった十河(そごう)信二である。

十河は、東海道本線の輸送量が限界と考え、戦前からの弾丸列車計画を復活させようとした。そこで活躍したのがゼロ戦をはじめとした航空機開発に携わった技術者たちだ。

十河はまず技術者・**島秀雄**を技師長として招へいした。

島は、終戦後GHQが航空機の開発や製造を禁止したことによって職を失っていた航空技術者たちを積極的に起用し、「新

国産の新型固体燃料ロケット「イプシロン」1号機の打ち上げ(2013.9)(写真提供:時事)

幹線」と名前を変えた**夢の高速鉄道開発チーム**をつくり上げていったのである。

そして、1964年10月10日に開幕する東京オリンピックを目前にし、東海道新幹線は悲願の開業を迎えた。それまで東海道本線の特急で6時間半かかっていた東京大阪間を、新幹線「ひかり」は4時間で走行することができた。

同じ年には首都高速道路が開通し、名神高速道路や東名高速道路も続いた。

ロケット技術に生きた戦前の技術

戦闘機の技術をもとに発展したもうひとつの重要な分野が、ロケット開発である。

敗戦によって職を失った航空技術者の中には、後に「日本のロケット開発の父」といわれる**糸川英夫博士**がいた。

戦時中、中島飛行機で戦闘機の設計に携わっていた糸川博士は、戦後は東大教授に就任していた。

GHQによってなされた航空機の製造禁止の通達の中には、ロケット開発の禁止という条項は含まれていなかった。糸川博士はそこに目をつけたのだ。

糸川博士は本格的にロケット研究を始め、1955年、**ペンシルロケット**の発射実験を行った。このペンシルロケットは日本独自のロケット開発の礎となった。全長20~30センチという鉛筆のようなロケットから、現在の日本のロケット開発がスタートしたのだ。

戦闘機技術から生まれたロケットの研究が、現在まで続く日本の宇宙開発につながっているのである。

戦争を挟んで連綿と受け継がれてきた日本の技術力が、経済の成長を支えたのである。

ビジュアル版
終戦直後の日本 教科書には載っていない占領下の日本

2022年8月23日第一刷

編　者　歴史ミステリー研究会

製　作　新井イッセー事務所

発行人　山田有司

発行所　株式会社　彩図社
東京都豊島区南大塚3-24-4
MTビル　〒170-0005
TEL：03-5985-8213　FAX：03-5985-8224

印刷所　シナノ印刷株式会社

URL　https://www.saiz.co.jp
https://twitter.com/saiz_sha

© 2022.Rekishi Misuteri Kenkyukai Printed in Japan. ISBN978-4-8013-0615-8 C0021
落丁・乱丁本は小社宛にお送りください。送料小社負担にて、お取り替えいたします。
定価はカバーに表示してあります。
本書の無断複写は著作権上での例外を除き、禁じられています。
本書は弊社より刊行した書籍『終戦直後の日本　教科書には載っていない占領下の日本』
（2020年8月発行）をビジュアル版として再編集したものです。